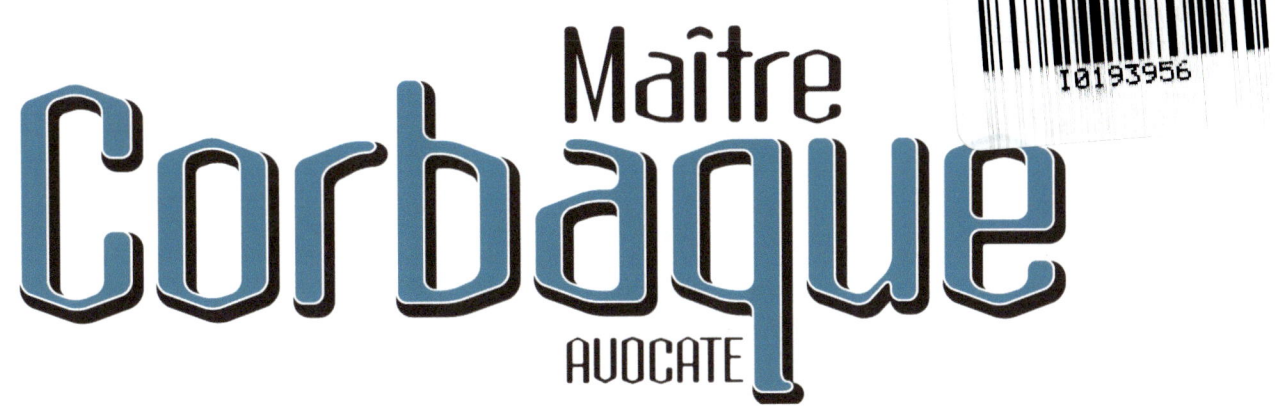

Maître Corbaque
AVOCATE

Que Justice soit (mal) faite !

Dessins : **E411**
Scénario : **Zidrou**
Couleurs : **Studio Leonardo**

CUI BONO FUIT?
NOLI ME TANGERE

sandawe.com
L'éditeur, c'est vous !

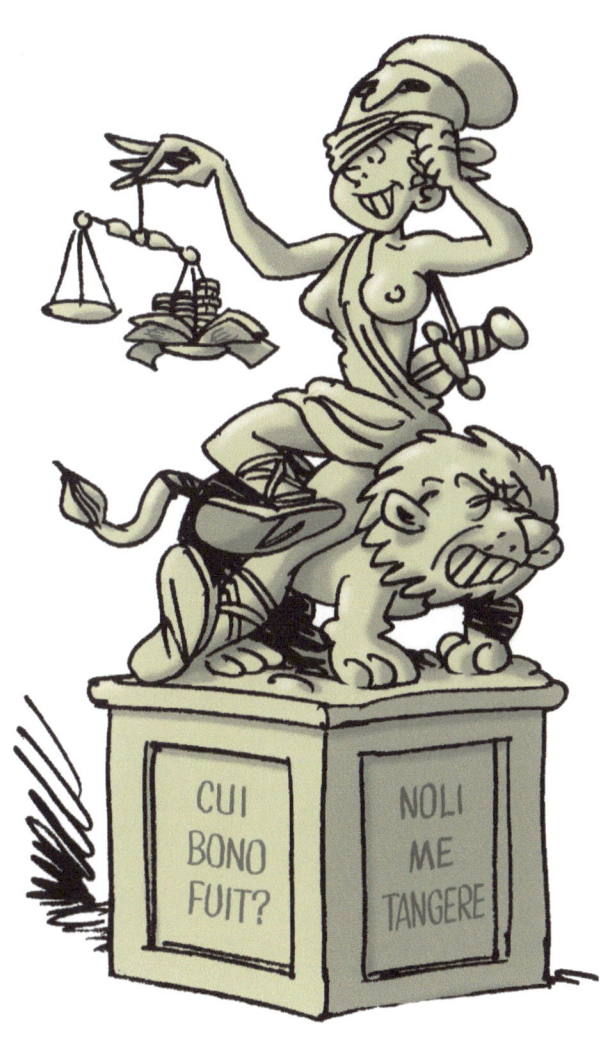

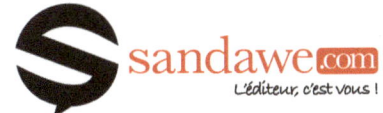

À Patrick. L'homme qui tombe souvent, mais se relève toujours. Enfin... presque.
E411 et Zidrou

Droits de traduction et de reproduction réservés pour tous pays.
Toute reproduction, même partielle, de cet ouvrage, est interdite sans autorisation écrite de l'éditeur.

Une copie ou reproduction par quelque procédé que ce soit constitue une contrefaçon passible des peines prévues par la loi du 11 mars 1957 sur la protection des droits d'auteur. Et Maître Corbaque se chargera spécialement du dossier à charge des contrevenants (il faut bien vivre !).

www.facebook.com/MaitreCorbaque
Maître Corbaque est parue initialement dans le journal « Spirou ».
© Editions Sandawe, 2011.
www.sandawe.com
contact@sandawe.com

Dépôt légal : février 2011 ; D/2011/12.351/1
ISBN 978-2-39014-155-6
Deuxième édition.
Imprimé en Belgique par Lesaffre.
L'édition numérique est assurée par Ave!Comics

www.lesaffre.com

www.avecomics.com

Signez ici que j'assigne !

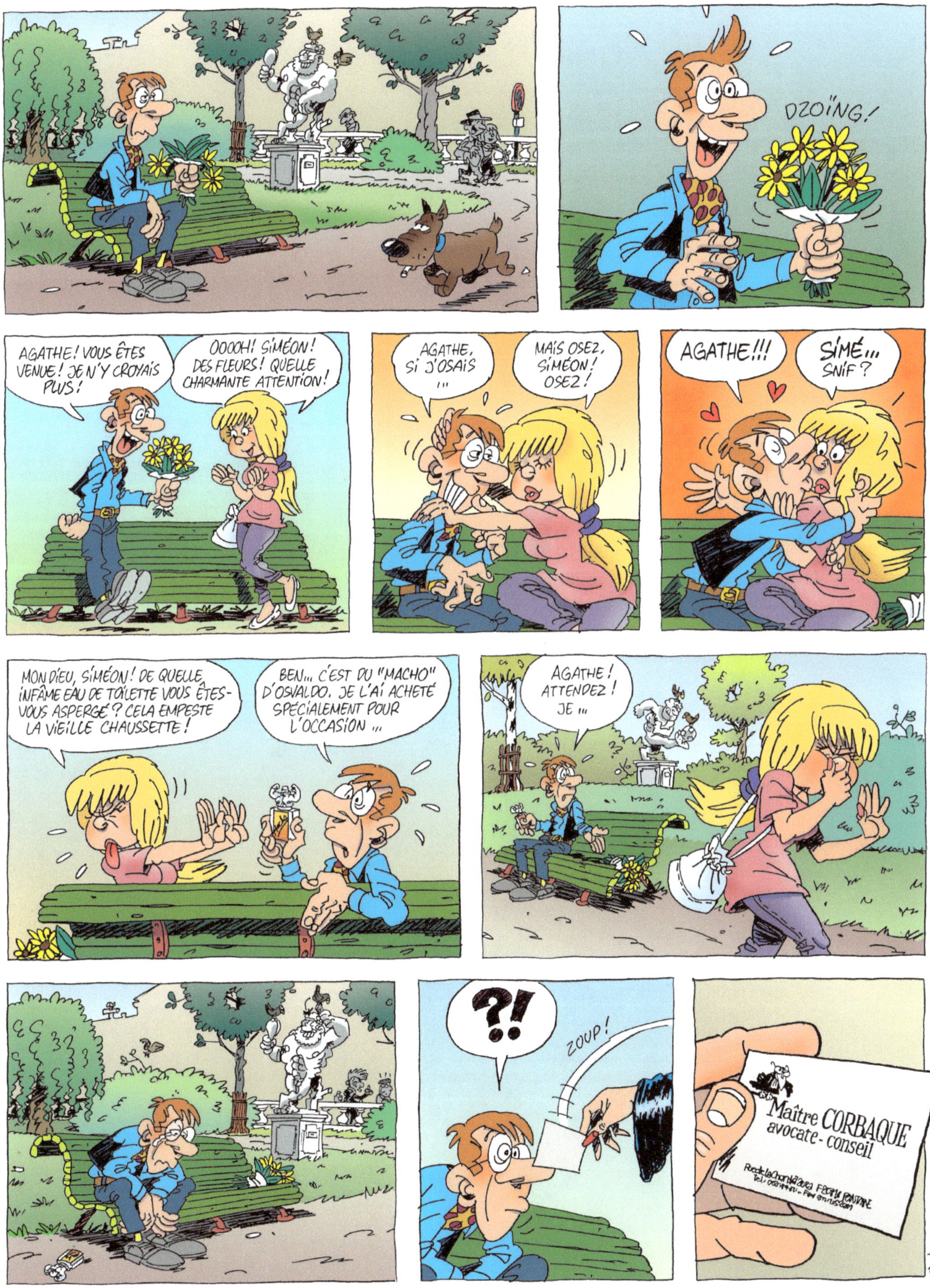
DZOÏNG !
AGATHE ! VOUS ÊTES VENUE ! JE N'Y CROYAIS PLUS !
OOOOH ! SIMÉON ! DES FLEURS ! QUELLE CHARMANTE ATTENTION !
AGATHE, SI J'OSAIS ...
MAIS OSEZ, SIMÉON ! OSEZ !
AGATHE !!!
SIMÉ... SNIF ?
MON DIEU, SIMÉON ! DE QUELLE INFÂME EAU DE TOILETTE VOUS ÊTES-VOUS ASPERGÉ ? CELA EMPESTE LA VIEILLE CHAUSSETTE !
BEN... C'EST DU "MACHO" D'OSVALDO. JE L'AI ACHETÉ SPÉCIALEMENT POUR L'OCCASION ...
AGATHE ! ATTENDEZ ! JE ...
?!
ZOUP !
Maître CORBAQUE
avocate - conseil

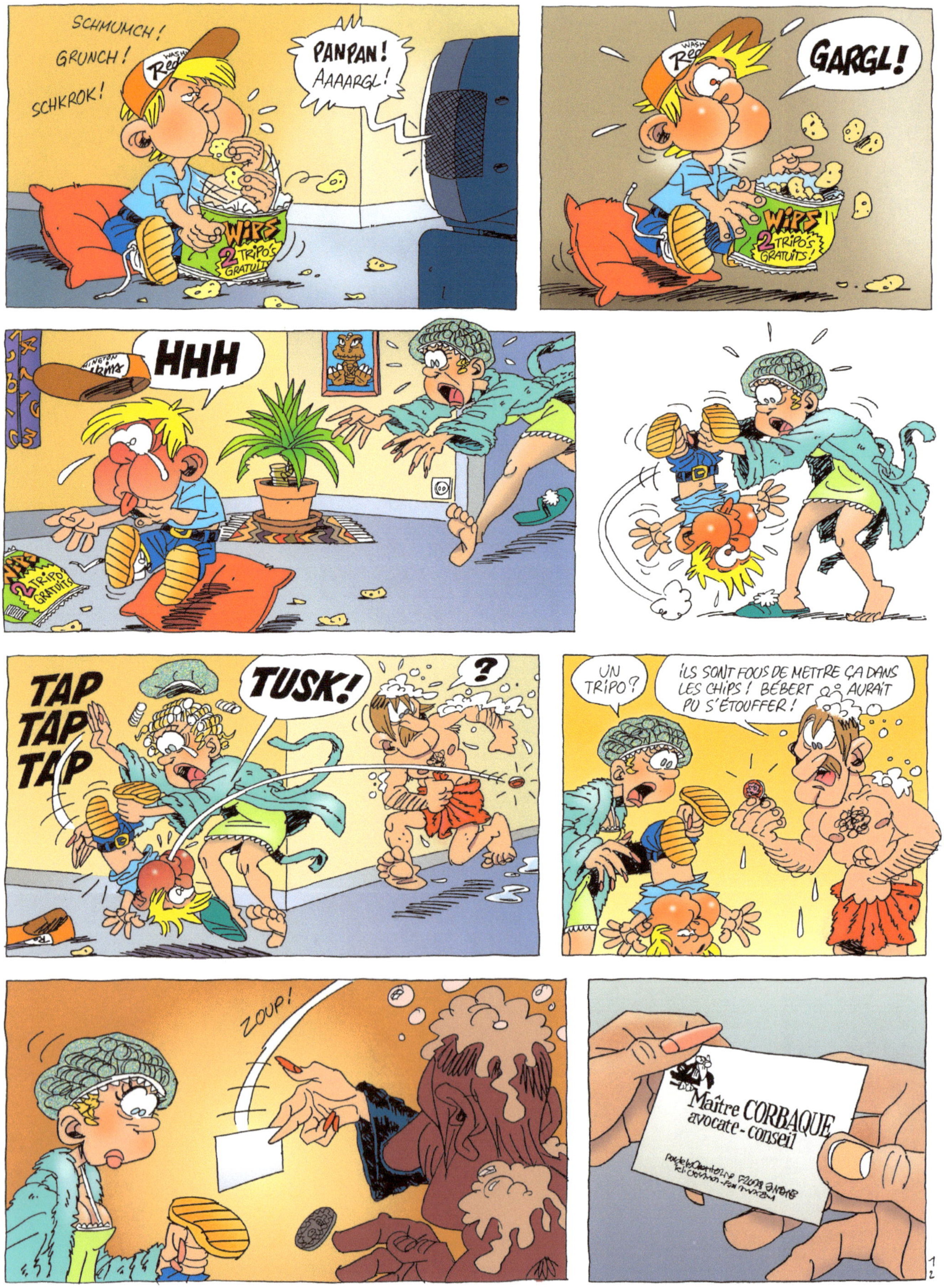
SCHMUMCH!
GRUNCH!
SCHKROK!
PANPAN! AAAARGL!
WIPS 2 TRIPO'S GRATUITS
GARGL!
HHH
TAP TAP TAP
TUSK!
?
UN TRIPO?
¡LS SONT FOUS DE METTRE ÇA DANS LES CHIPS! BÉBERT AURAIT PU S'ÉTOUFFER!
ZOUP!
Maître CORBAQUE
avocate - conseil

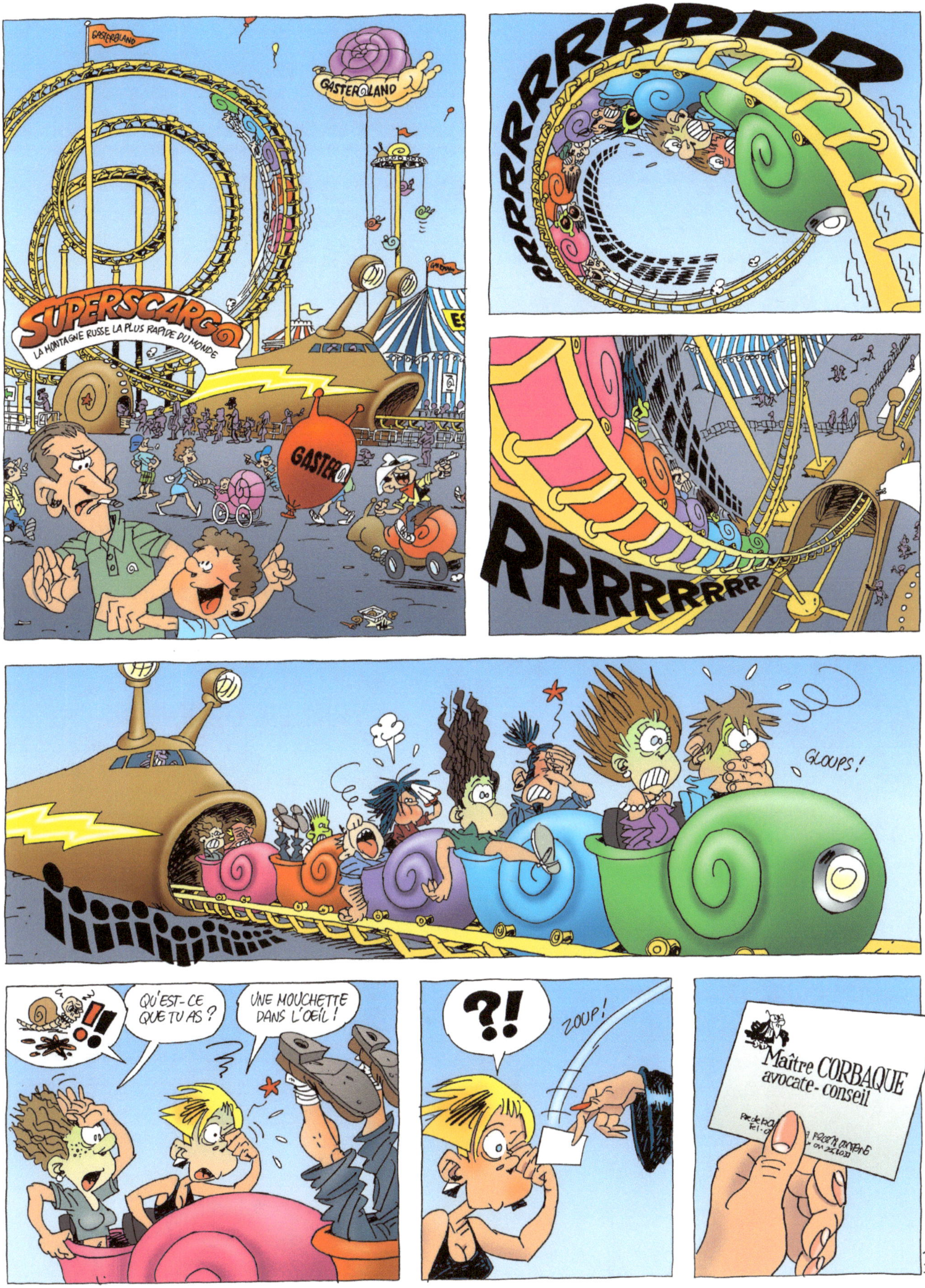
GASTEROLAND
GASTER@LAND
SUPERSCARGO
LA MONTAGNE RUSSE LA PLUS RAPIDE DU MONDE
GASTERO
RRRRRRRRRRRRR
RRRRRRRRR
GLOUPS !
!!
QU'EST-CE QUE TU AS ?
UNE MOUCHETTE DANS L'OEIL !
?!
ZOUP !
Maître CORBAQUE
avocate-conseil

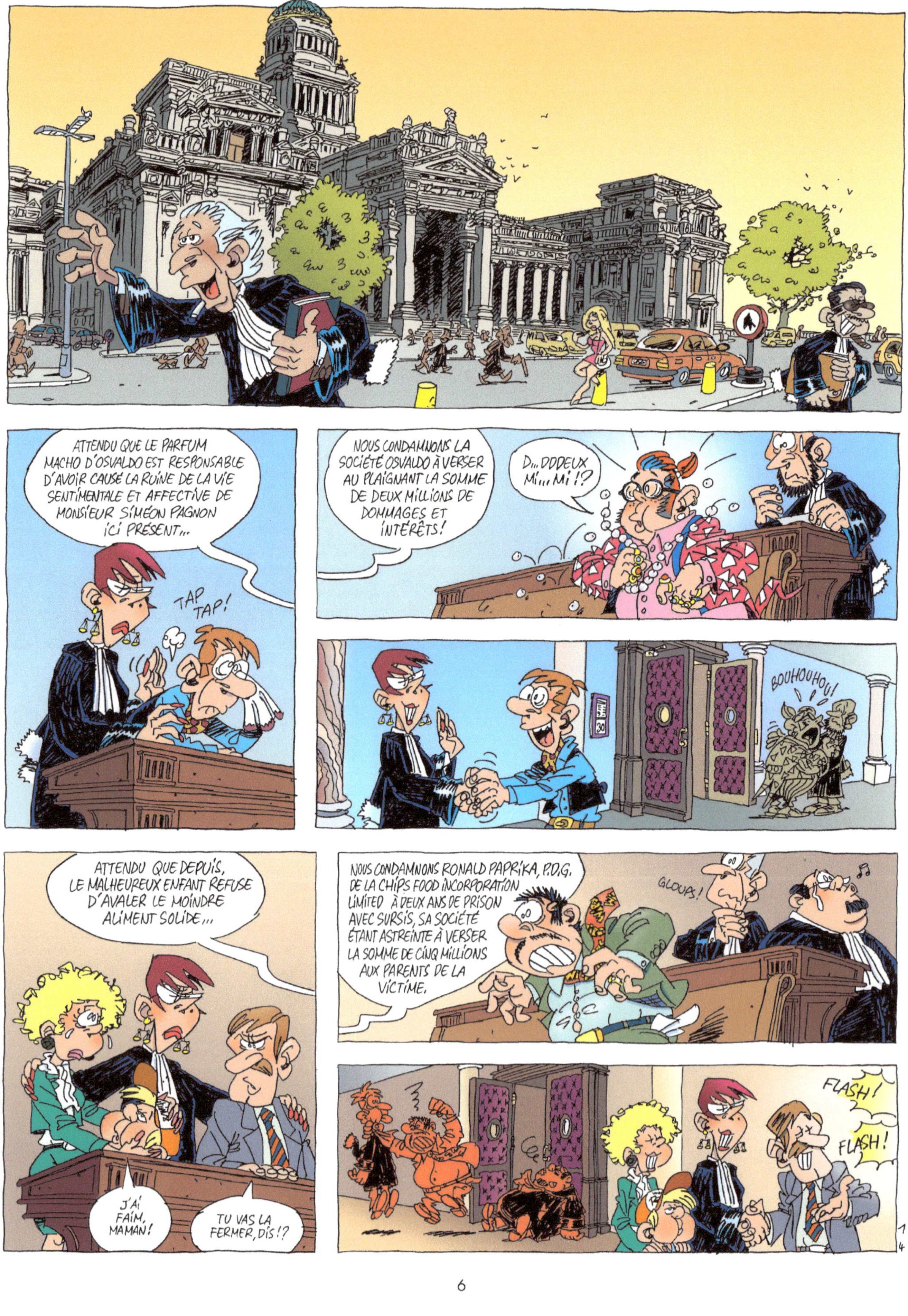
ATTENDU QUE LE PARFUM MACHO D'OSVALDO EST RESPONSABLE D'AVOIR CAUSÉ LA RUINE DE LA VIE SENTIMENTALE ET AFFECTIVE DE MONSIEUR SIMÉON PAGNON ICI PRÉSENT...
TAP TAP !
NOUS CONDAMNONS LA SOCIÉTÉ OSVALDO À VERSER AU PLAIGNANT LA SOMME DE DEUX MILLIONS DE DOMMAGES ET INTÉRÊTS !
D... DDDEUX MI... MI !?
BOUHOUHOU !
ATTENDU QUE DEPUIS, LE MALHEUREUX ENFANT REFUSE D'AVALER LE MOINDRE ALIMENT SOLIDE...
J'AI FAIM, MAMAN !
TU VAS LA FERMER, DIS !?
NOUS CONDAMNONS RONALD PAPRIKA, P.D.G. DE LA CHIPS FOOD INCORPORATION LIMITED À DEUX ANS DE PRISON AVEC SURSIS, SA SOCIÉTÉ ÉTANT ASTREINTE À VERSER LA SOMME DE CINQ MILLIONS AUX PARENTS DE LA VICTIME.
GLOUPS !
FLASH !
FLASH !

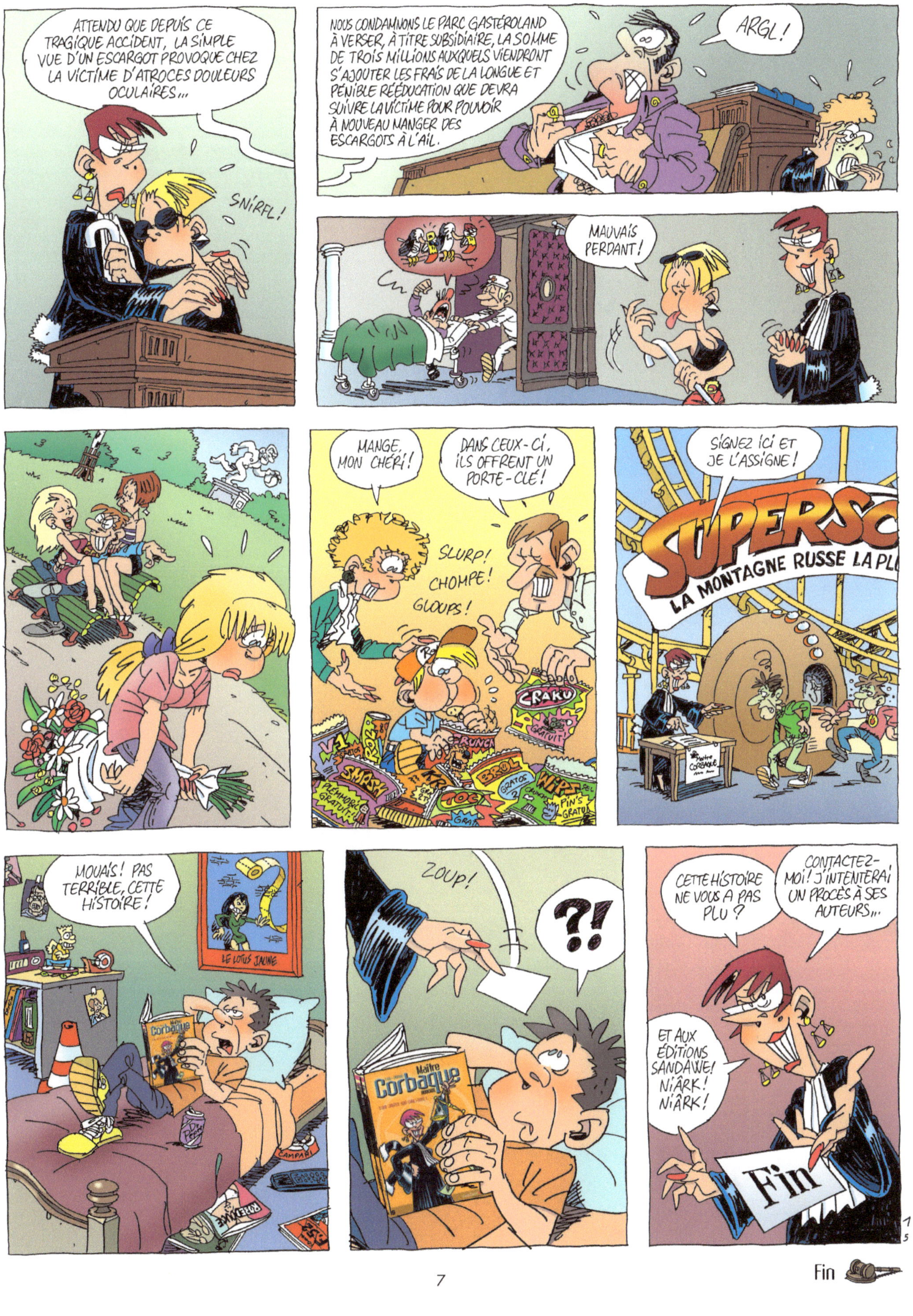
ATTENDU QUE DEPUIS CE TRAGIQUE ACCIDENT, LA SIMPLE VUE D'UN ESCARGOT PROVOQUE CHEZ LA VICTIME D'ATROCES DOULEURS OCULAIRES...
SNIRFL!
NOUS CONDAMNONS LE PARC GASTÉROLAND À VERSER, À TITRE SUBSIDIAIRE, LA SOMME DE TROIS MILLIONS AUXQUELS VIENDRONT S'AJOUTER LES FRAIS DE LA LONGUE ET PÉNIBLE RÉÉDUCATION QUE DEVRA SUIVRE LA VICTIME POUR POUVOIR À NOUVEAU MANGER DES ESCARGOTS À L'AIL.
ARGL!
MAUVAIS PERDANT!
MANGE, MON CHÉRI!
DANS CEUX-CI, ILS OFFRENT UN PORTE-CLÉ!
SLURP!
CHOMPE!
GLOUPS!
CRAKU
SMASH
BROL
TOC
SIGNEZ ICI ET JE L'ASSIGNE!
SUPERSC
LA MONTAGNE RUSSE LA PL
MOUAIS! PAS TERRIBLE, CETTE HISTOIRE!
LE LOTUS JAUNE
ZOUP!
?!
CETTE HISTOIRE NE VOUS A PAS PLU?
CONTACTEZ-MOI! J'INTENTERAI UN PROCÈS À SES AUTEURS...
ET AUX ÉDITIONS SANDAWE! NIÄRK! NIÄRK!
Fin

Fin

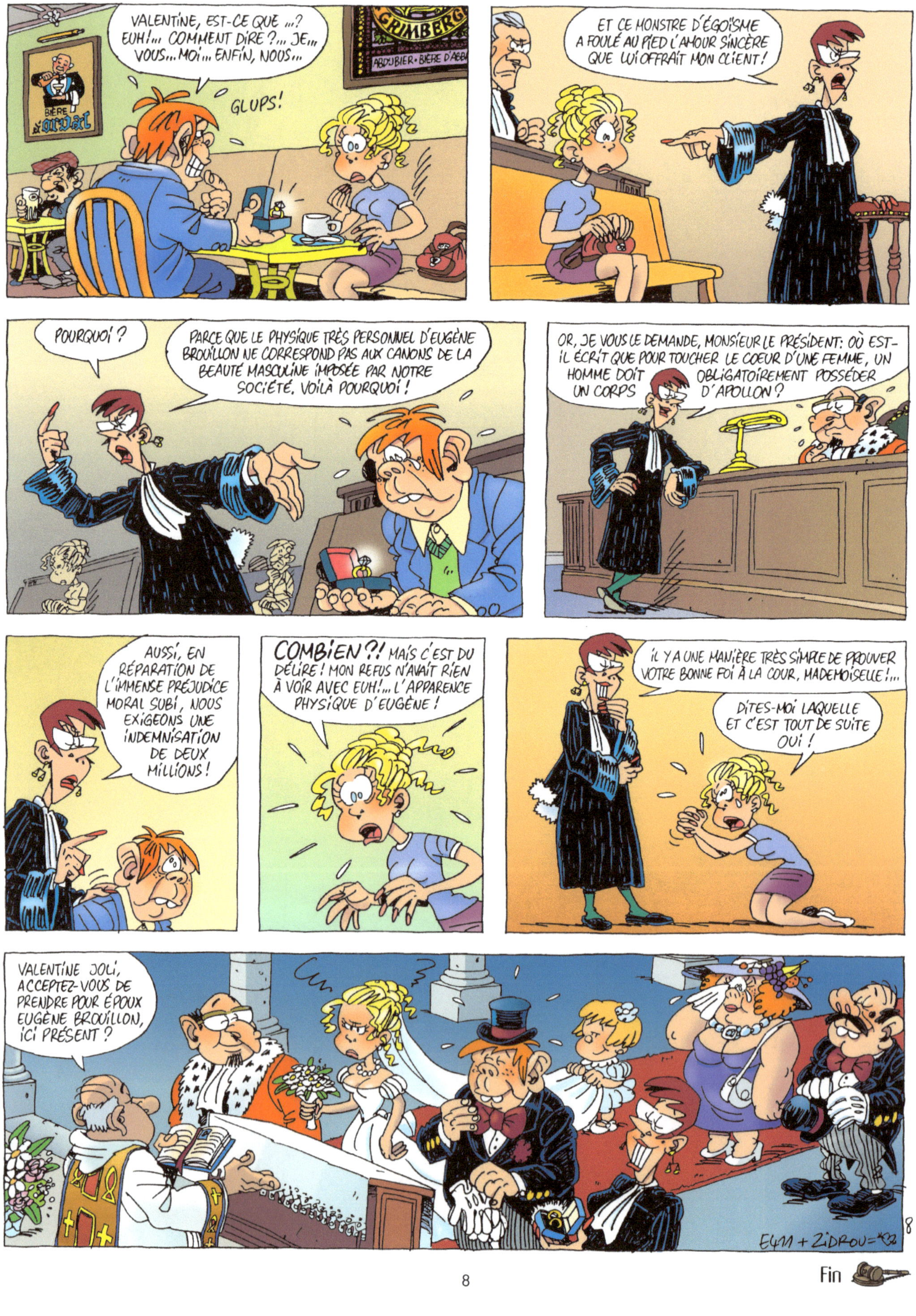
VALENTINE, EST-CE QUE ...? EUH!... COMMENT DIRE ?... JE... VOUS... MOI... ENFIN, NOUS...
GLUPS!
GRIMBERG
BIÈRE Orval
ET CE MONSTRE D'ÉGOÏSME A FOULÉ AU PIED L'AMOUR SINCÈRE QUE LUI OFFRAIT MON CLIENT !
POURQUOI ?
PARCE QUE LE PHYSIQUE TRÈS PERSONNEL D'EUGÈNE BROUILLON NE CORRESPOND PAS AUX CANONS DE LA BEAUTÉ MASCULINE IMPOSÉE PAR NOTRE SOCIÉTÉ. VOILÀ POURQUOI !
OR, JE VOUS LE DEMANDE, MONSIEUR LE PRÉSIDENT : OÙ EST-IL ÉCRIT QUE POUR TOUCHER LE COEUR D'UNE FEMME, UN HOMME DOIT OBLIGATOIREMENT POSSÉDER UN CORPS D'APOLLON ?
AUSSI, EN RÉPARATION DE L'IMMENSE PRÉJUDICE MORAL SUBI, NOUS EXIGEONS UNE INDEMNISATION DE DEUX MILLIONS !
COMBIEN ?! MAIS C'EST DU DÉLIRE ! MON REFUS N'AVAIT RIEN À VOIR AVEC EUH !... L'APPARENCE PHYSIQUE D'EUGÈNE !
IL Y A UNE MANIÈRE TRÈS SIMPLE DE PROUVER VOTRE BONNE FOI À LA COUR, MADEMOISELLE !...
DITES-MOI LAQUELLE ET C'EST TOUT DE SUITE OUI !
VALENTINE JOLI, ACCEPTEZ-VOUS DE PRENDRE POUR ÉPOUX EUGÈNE BROUILLON, ICI PRÉSENT ?

Fin

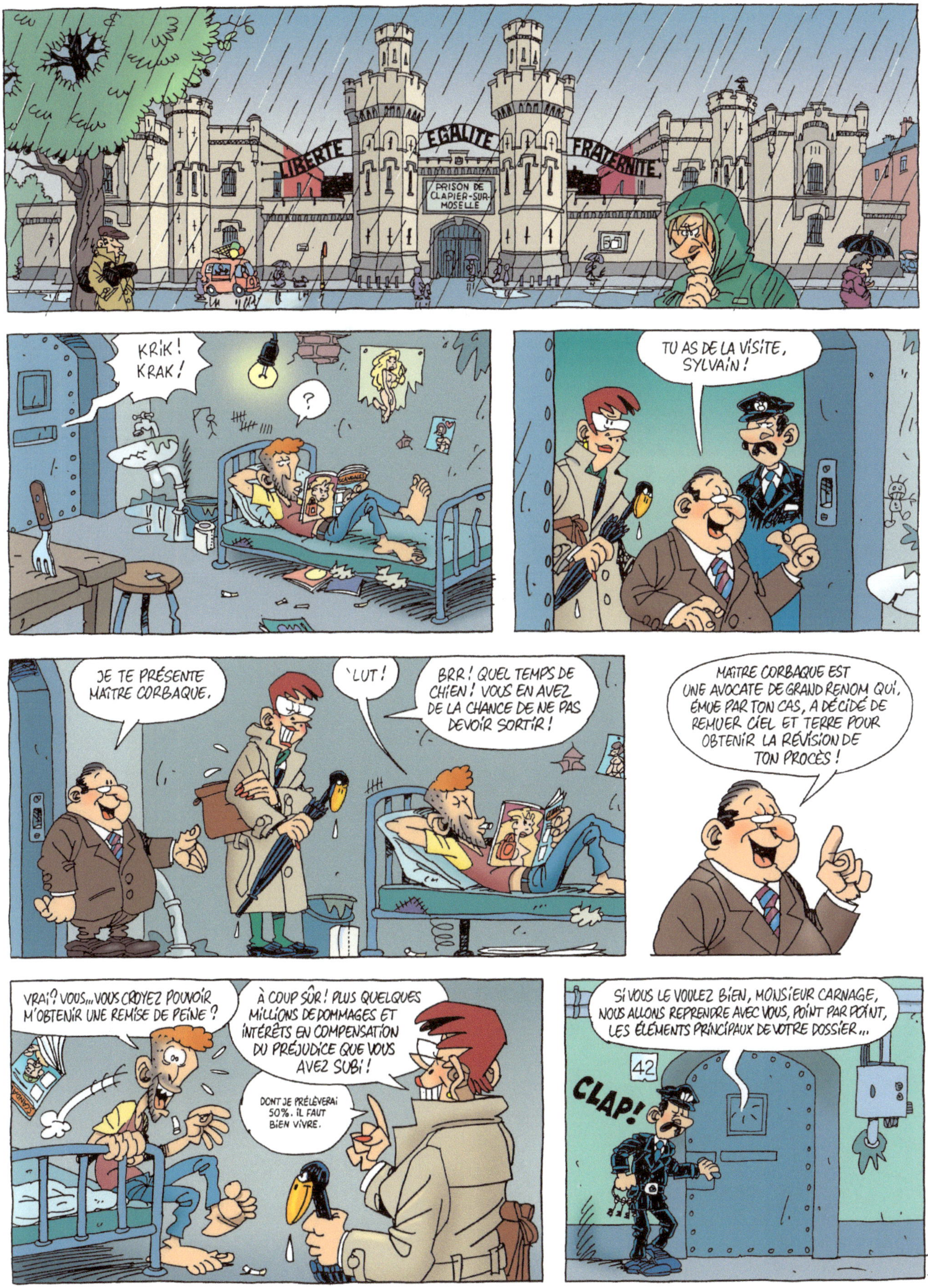
LIBERTE EGALITE FRATERNITE
PRISON DE CLAPIER-SUR-MOSELLE
KRIK ! KRAK !
?
TU AS DE LA VISITE, SYLVAIN !
JE TE PRÉSENTE MAÎTRE CORBAQUE.
`LUT !
BRR ! QUEL TEMPS DE CHIEN ! VOUS EN AVEZ DE LA CHANCE DE NE PAS DEVOIR SORTIR !
MAÎTRE CORBAQUE EST UNE AVOCATE DE GRAND RENOM QUI, ÉMUE PAR TON CAS, A DÉCIDÉ DE REMUER CIEL ET TERRE POUR OBTENIR LA RÉVISION DE TON PROCÈS !
VRAI ? VOUS... VOUS CROYEZ POUVOIR M'OBTENIR UNE REMISE DE PEINE ?
À COUP SÛR ! PLUS QUELQUES MILLIONS DE DOMMAGES ET INTÉRÊTS EN COMPENSATION DU PRÉJUDICE QUE VOUS AVEZ SUBI !
DONT JE PRÉLÈVERAI 50%. IL FAUT BIEN VIVRE.
SI VOUS LE VOULEZ BIEN, MONSIEUR CARNAGE, NOUS ALLONS REPRENDRE AVEC VOUS, POINT PAR POINT, LES ÉLÉMENTS PRINCIPAUX DE VOTRE DOSSIER...
42
CLAP !

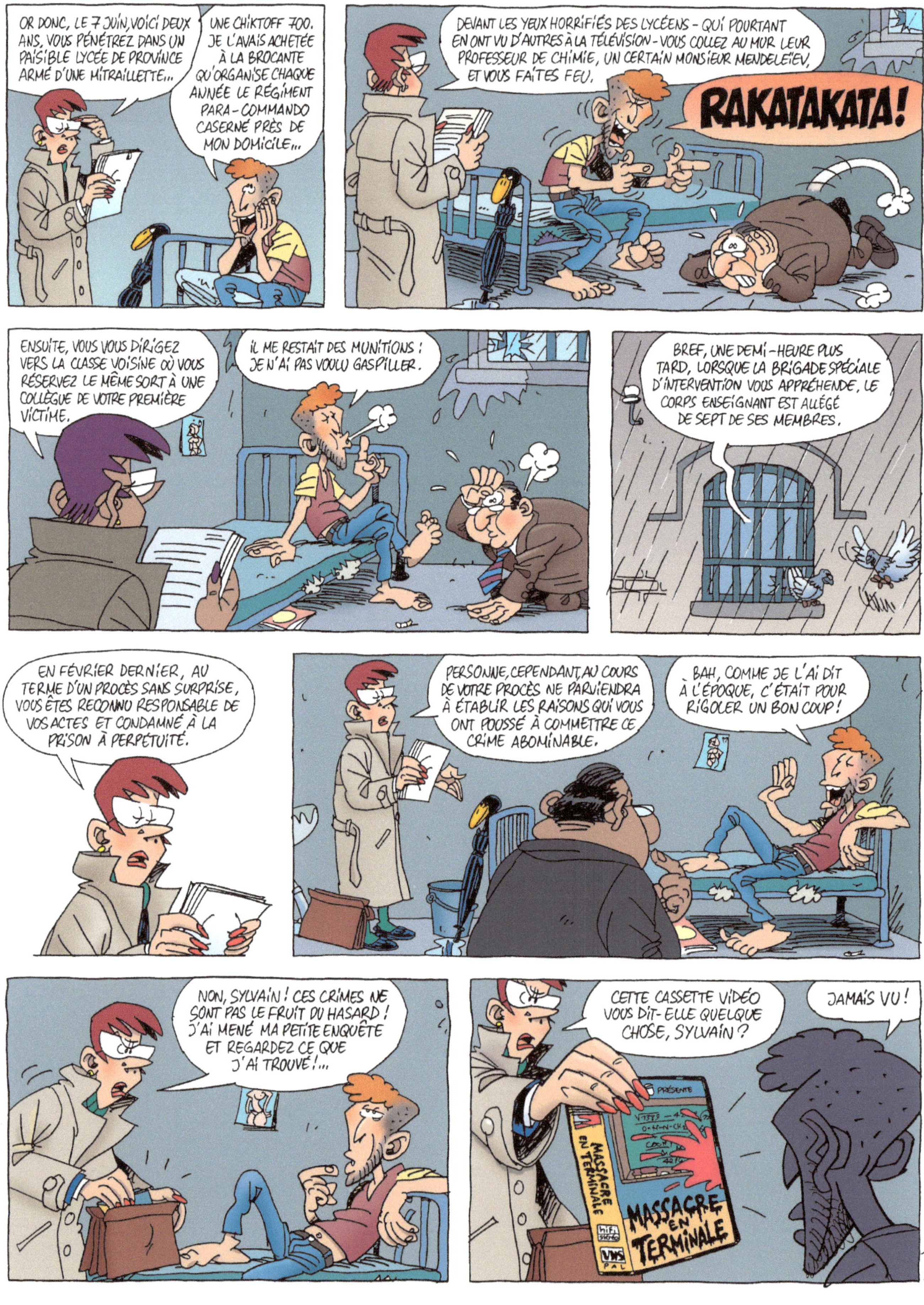
OR DONC, LE 7 JUIN, VOICI DEUX ANS, VOUS PÉNÉTREZ DANS UN PAISIBLE LYCÉE DE PROVINCE ARMÉ D'UNE MITRAILLETTE...
UNE CHIKTOFF 700. JE L'AVAIS ACHETÉE À LA BROCANTE QU'ORGANISE CHAQUE ANNÉE LE RÉGIMENT PARA-COMMANDO CASERNÉ PRÈS DE MON DOMICILE...
DEVANT LES YEUX HORRIFIÉS DES LYCÉENS - QUI POURTANT EN ONT VU D'AUTRES À LA TÉLÉVISION - VOUS COLLEZ AU MUR LEUR PROFESSEUR DE CHIMIE, UN CERTAIN MONSIEUR MENDELEÏEV, ET VOUS FAITES FEU.
RAKATAKATA !
ENSUITE, VOUS VOUS DIRIGEZ VERS LA CLASSE VOISINE OÙ VOUS RÉSERVEZ LE MÊME SORT À UNE COLLÈGUE DE VOTRE PREMIÈRE VICTIME.
IL ME RESTAIT DES MUNITIONS : JE N'AI PAS VOULU GASPILLER.
BREF, UNE DEMI-HEURE PLUS TARD, LORSQUE LA BRIGADE SPÉCIALE D'INTERVENTION VOUS APPRÉHENDE, LE CORPS ENSEIGNANT EST ALLÉGÉ DE SEPT DE SES MEMBRES.
EN FÉVRIER DERNIER, AU TERME D'UN PROCÈS SANS SURPRISE, VOUS ÊTES RECONNU RESPONSABLE DE VOS ACTES ET CONDAMNÉ À LA PRISON À PERPÉTUITÉ.
PERSONNE, CEPENDANT, AU COURS DE VOTRE PROCÈS NE PARVIENDRA À ÉTABLIR LES RAISONS QUI VOUS ONT POUSSÉ À COMMETTRE CE CRIME ABOMINABLE.
BAH, COMME JE L'AI DIT À L'ÉPOQUE, C'ÉTAIT POUR RIGOLER UN BON COUP !
NON, SYLVAIN ! CES CRIMES NE SONT PAS LE FRUIT DU HASARD ! J'AI MENÉ MA PETITE ENQUÊTE ET REGARDEZ CE QUE J'AI TROUVÉ !...
CETTE CASSETTE VIDÉO VOUS DIT-ELLE QUELQUE CHOSE, SYLVAIN ?
JAMAIS VU !
PRÉSENTE
MASSACRE EN TERMINALE
MASSACRE EN TERMINALE
VHS
PAL
10
2

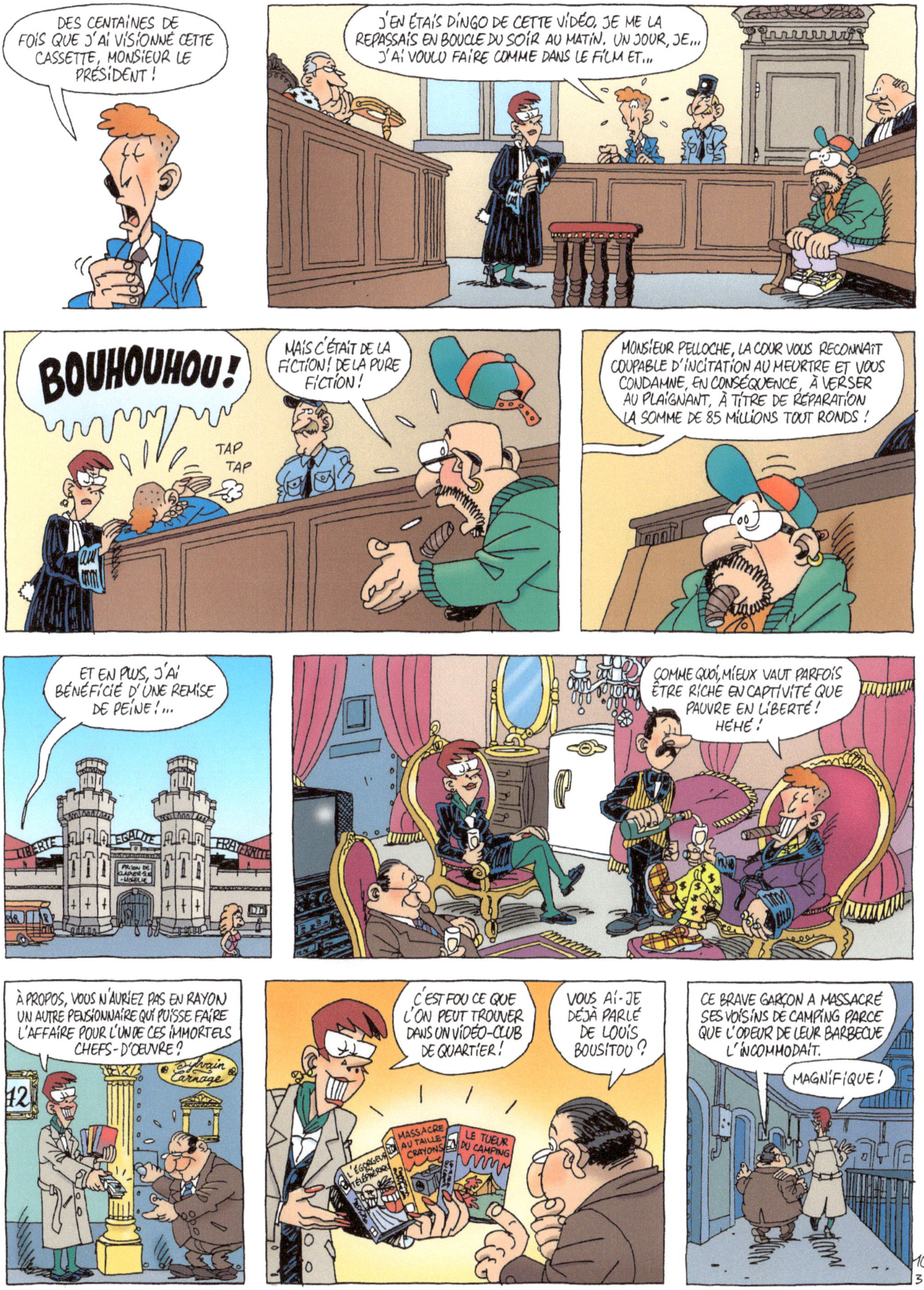

DES CENTAINES DE FOIS QUE J'AI VISIONNÉ CETTE CASSETTE, MONSIEUR LE PRÉSIDENT !
J'EN ÉTAIS DINGO DE CETTE VIDÉO. JE ME LA REPASSAIS EN BOUCLE DU SOIR AU MATIN. UN JOUR, JE... J'AI VOULU FAIRE COMME DANS LE FILM ET...
BOUHOUHOU !
TAP TAP
MAIS C'ÉTAIT DE LA FICTION ! DE LA PURE FICTION !
MONSIEUR PELLOCHE, LA COUR VOUS RECONNAÎT COUPABLE D'INCITATION AU MEURTRE ET VOUS CONDAMNE, EN CONSÉQUENCE, À VERSER AU PLAIGNANT, À TITRE DE RÉPARATION LA SOMME DE 85 MILLIONS TOUT RONDS !
ET EN PLUS, J'AI BÉNÉFICIÉ D'UNE REMISE DE PEINE !...
LIBERTÉ ÉGALITÉ FRATERNITÉ
COMME QUOI, MIEUX VAUT PARFOIS ÊTRE RICHE EN CAPTIVITÉ QUE PAUVRE EN LIBERTÉ ! HÉHÉ !
À PROPOS, VOUS N'AURIEZ PAS EN RAYON UN AUTRE PENSIONNAIRE QUI PUISSE FAIRE L'AFFAIRE POUR L'UN DE CES IMMORTELS CHEFS-D'OEUVRE ?
42
Sylvain Carnage
C'EST FOU CE QUE L'ON PEUT TROUVER DANS UN VIDÉO-CLUB DE QUARTIER !
VOUS AI-JE DÉJÀ PARLÉ DE LOUIS BOUSITOU ?
MASSACRE AU TAILLE-CRAYONS
LE TUEUR DU CAMPING
CE BRAVE GARÇON A MASSACRÉ SES VOISINS DE CAMPING PARCE QUE L'ODEUR DE LEUR BARBECUE L'INCOMMODAIT.
MAGNIFIQUE !
10
3

Fin

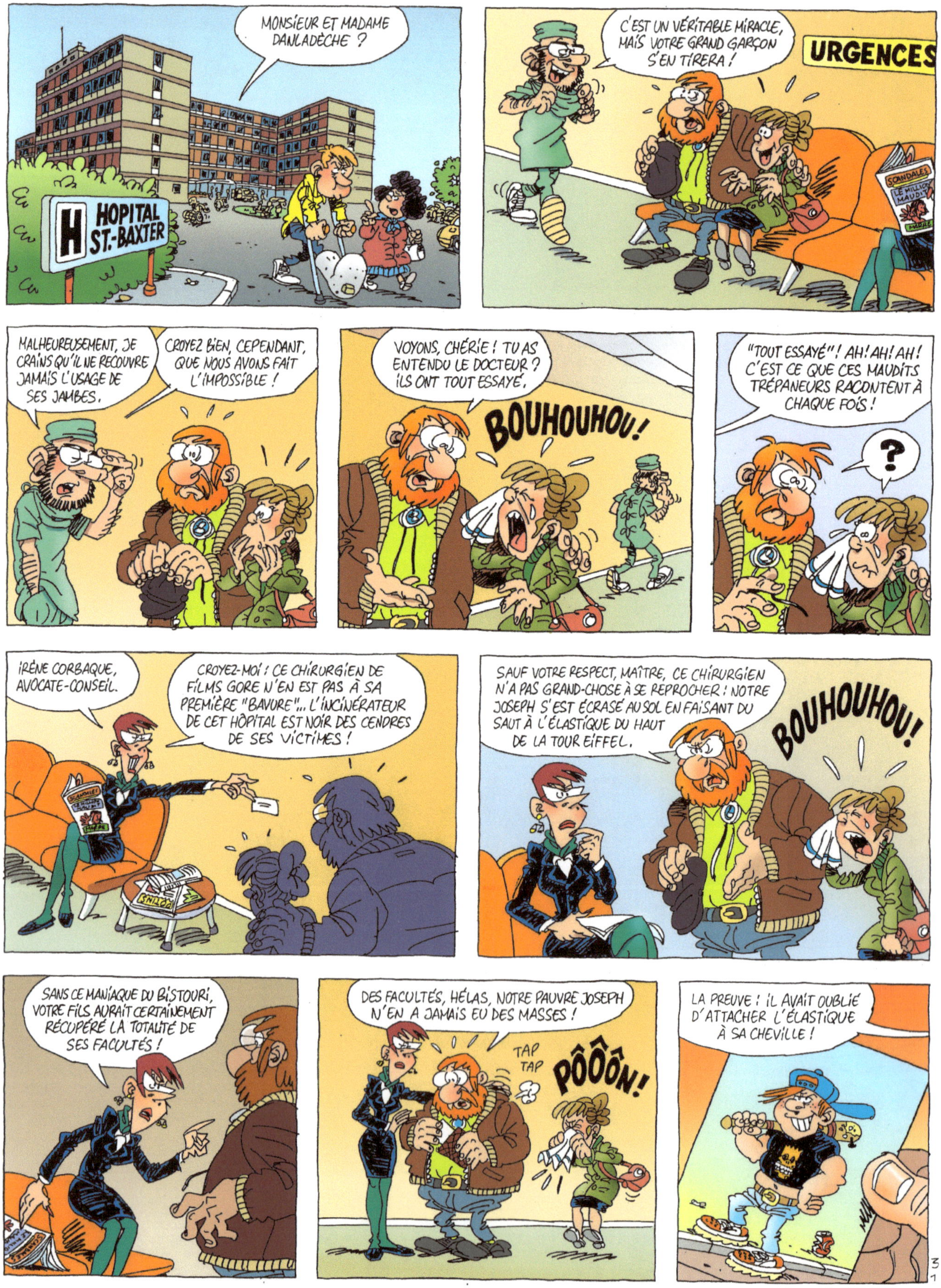
MONSIEUR ET MADAME DANLADÈCHE ?
HOPITAL ST.-BAXTER
C'EST UN VÉRITABLE MIRACLE, MAIS VOTRE GRAND GARÇON S'EN TIRERA !
URGENCES
MALHEUREUSEMENT, JE CRAINS QU'IL NE RECOUVRE JAMAIS L'USAGE DE SES JAMBES.
CROYEZ BIEN, CEPENDANT, QUE NOUS AVONS FAIT L'IMPOSSIBLE !
VOYONS, CHÉRIE ! TU AS ENTENDU LE DOCTEUR ? ILS ONT TOUT ESSAYÉ.
BOUHOUHOU !
"TOUT ESSAYÉ" ! AH ! AH ! AH ! C'EST CE QUE CES MAUDITS TRÉPANEURS RACONTENT À CHAQUE FOIS !
?
IRÈNE CORBAQUE, AVOCATE-CONSEIL.
CROYEZ-MOI : CE CHIRURGIEN DE FILMS GORE N'EN EST PAS À SA PREMIÈRE "BAVURE"... L'INCINÉRATEUR DE CET HÔPITAL EST NOIR DES CENDRES DE SES VICTIMES !
SAUF VOTRE RESPECT, MAÎTRE, CE CHIRURGIEN N'A PAS GRAND-CHOSE À SE REPROCHER : NOTRE JOSEPH S'EST ÉCRASÉ AU SOL EN FAISANT DU SAUT À L'ÉLASTIQUE DU HAUT DE LA TOUR EIFFEL.
BOUHOUHOU !
SANS CE MANIAQUE DU BISTOURI, VOTRE FILS AURAIT CERTAINEMENT RÉCUPÉRÉ LA TOTALITÉ DE SES FACULTÉS !
DES FACULTÉS, HÉLAS, NOTRE PAUVRE JOSEPH N'EN A JAMAIS EU DES MASSES !
TAP TAP
PÔÔÔN !
LA PREUVE : IL AVAIT OUBLIÉ D'ATTACHER L'ÉLASTIQUE À SA CHEVILLE !

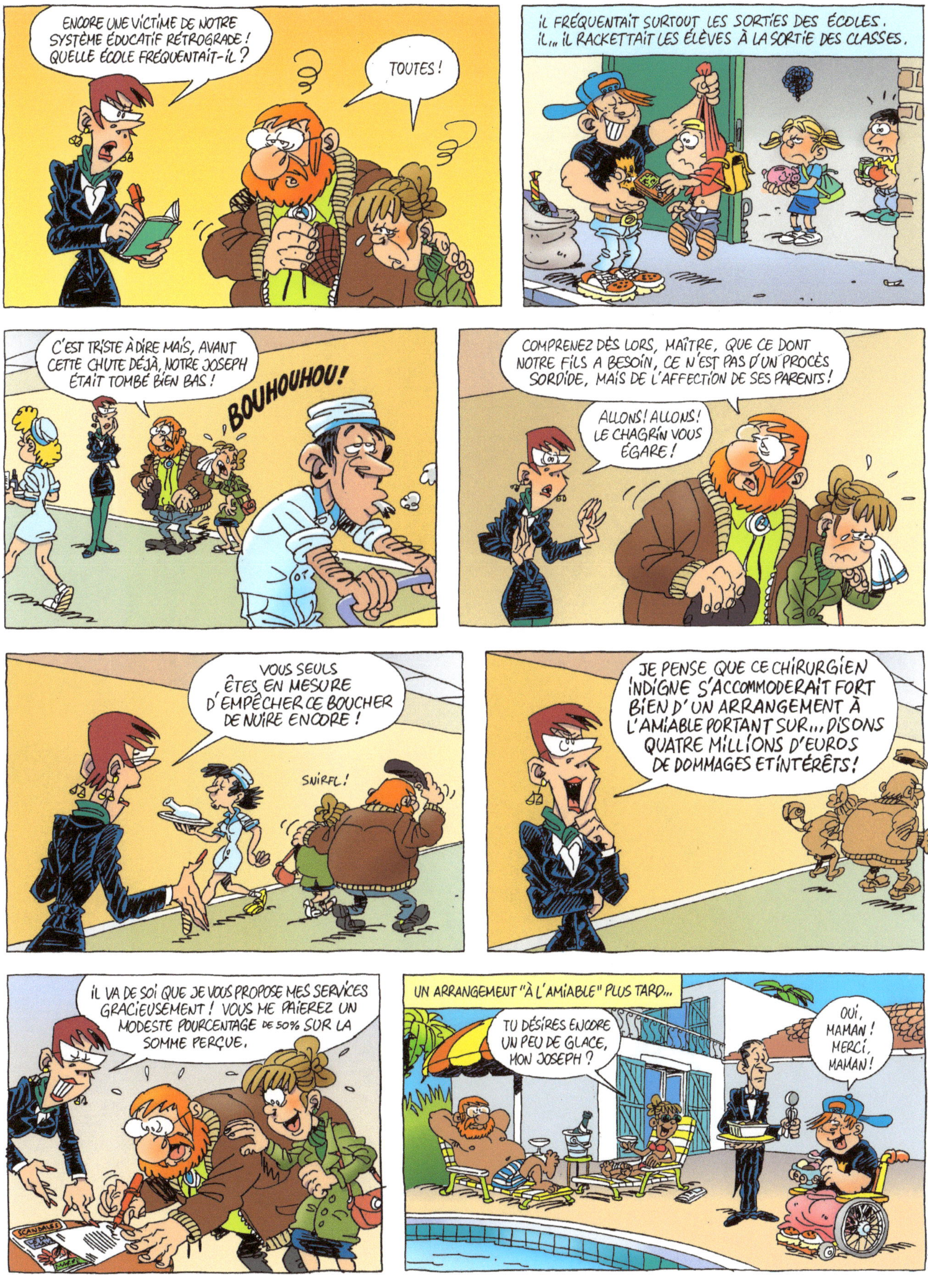
ENCORE UNE VICTIME DE NOTRE SYSTÈME ÉDUCATIF RÉTROGRADE ! QUELLE ÉCOLE FRÉQUENTAIT-IL ?
TOUTES !
IL FRÉQUENTAIT SURTOUT LES SORTIES DES ÉCOLES. IL... IL RACKETTAIT LES ÉLÈVES À LA SORTIE DES CLASSES.
C'EST TRISTE À DIRE MAIS, AVANT CETTE CHUTE DÉJÀ, NOTRE JOSEPH ÉTAIT TOMBÉ BIEN BAS !
BOUHOUHOU !
COMPRENEZ DÈS LORS, MAÎTRE, QUE CE DONT NOTRE FILS A BESOIN, CE N'EST PAS D'UN PROCÈS SORDIDE, MAIS DE L'AFFECTION DE SES PARENTS !
ALLONS ! ALLONS ! LE CHAGRIN VOUS ÉGARE !
VOUS SEULS ÊTES EN MESURE D'EMPÊCHER CE BOUCHER DE NUIRE ENCORE !
SNIRFL !
JE PENSE QUE CE CHIRURGIEN INDIGNE S'ACCOMMODERAIT FORT BIEN D'UN ARRANGEMENT À L'AMIABLE PORTANT SUR... DISONS QUATRE MILLIONS D'EUROS DE DOMMAGES ET INTÉRÊTS !
IL VA DE SOI QUE JE VOUS PROPOSE MES SERVICES GRACIEUSEMENT ! VOUS ME PAIEREZ UN MODESTE POURCENTAGE DE 50% SUR LA SOMME PERÇUE.
SCANDALES
UN ARRANGEMENT "À L'AMIABLE" PLUS TARD...
TU DÉSIRES ENCORE UN PEU DE GLACE, MON JOSEPH ?
OUI, MAMAN ! MERCI, MAMAN !
3
2

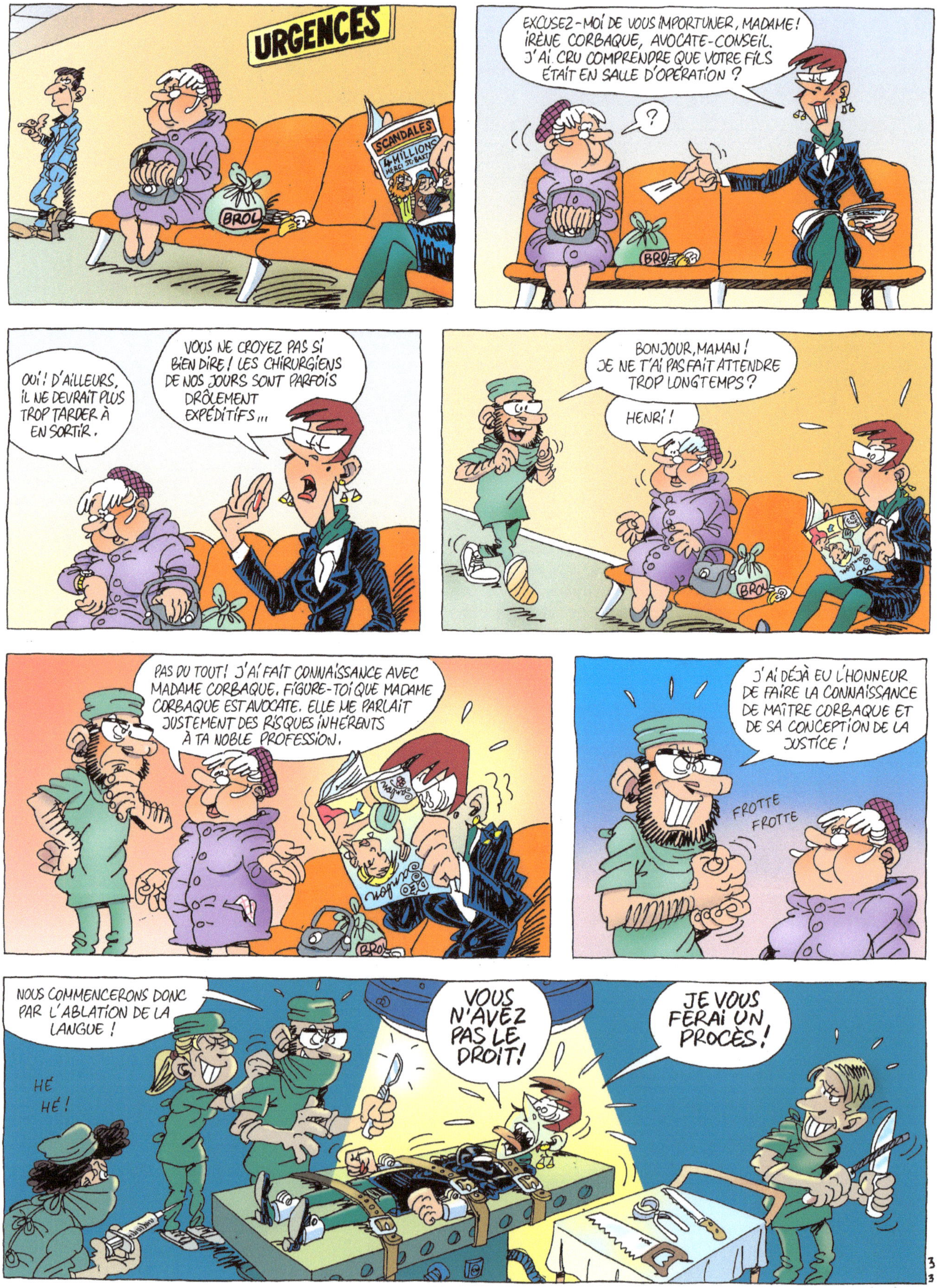
URGENCES
SCANDALES
4 MILLIONS MERCI ST-BART
BROL
EXCUSEZ-MOI DE VOUS IMPORTUNER, MADAME ! IRÈNE CORBAQUE, AVOCATE-CONSEIL. J'AI CRU COMPRENDRE QUE VOTRE FILS ÉTAIT EN SALLE D'OPÉRATION ?
?
OUI ! D'AILLEURS, IL NE DEVRAIT PLUS TROP TARDER À EN SORTIR.
VOUS NE CROYEZ PAS SI BIEN DIRE ! LES CHIRURGIENS DE NOS JOURS SONT PARFOIS DRÔLEMENT EXPÉDITIFS...
BONJOUR, MAMAN ! JE NE T'AI PAS FAIT ATTENDRE TROP LONGTEMPS ?
HENRI !
PAS DU TOUT ! J'AI FAIT CONNAISSANCE AVEC MADAME CORBAQUE. FIGURE-TOI QUE MADAME CORBAQUE EST AVOCATE. ELLE ME PARLAIT JUSTEMENT DES RISQUES INHÉRENTS À TA NOBLE PROFESSION.
J'AI DÉJÀ EU L'HONNEUR DE FAIRE LA CONNAISSANCE DE MAÎTRE CORBAQUE ET DE SA CONCEPTION DE LA JUSTICE !
FROTTE FROTTE
NOUS COMMENCERONS DONC PAR L'ABLATION DE LA LANGUE !
HÉ HÉ !
VOUS N'AVEZ PAS LE DROIT !
JE VOUS FERAI UN PROCÈS !

Fin

Une mère Azerty en vaut deux !

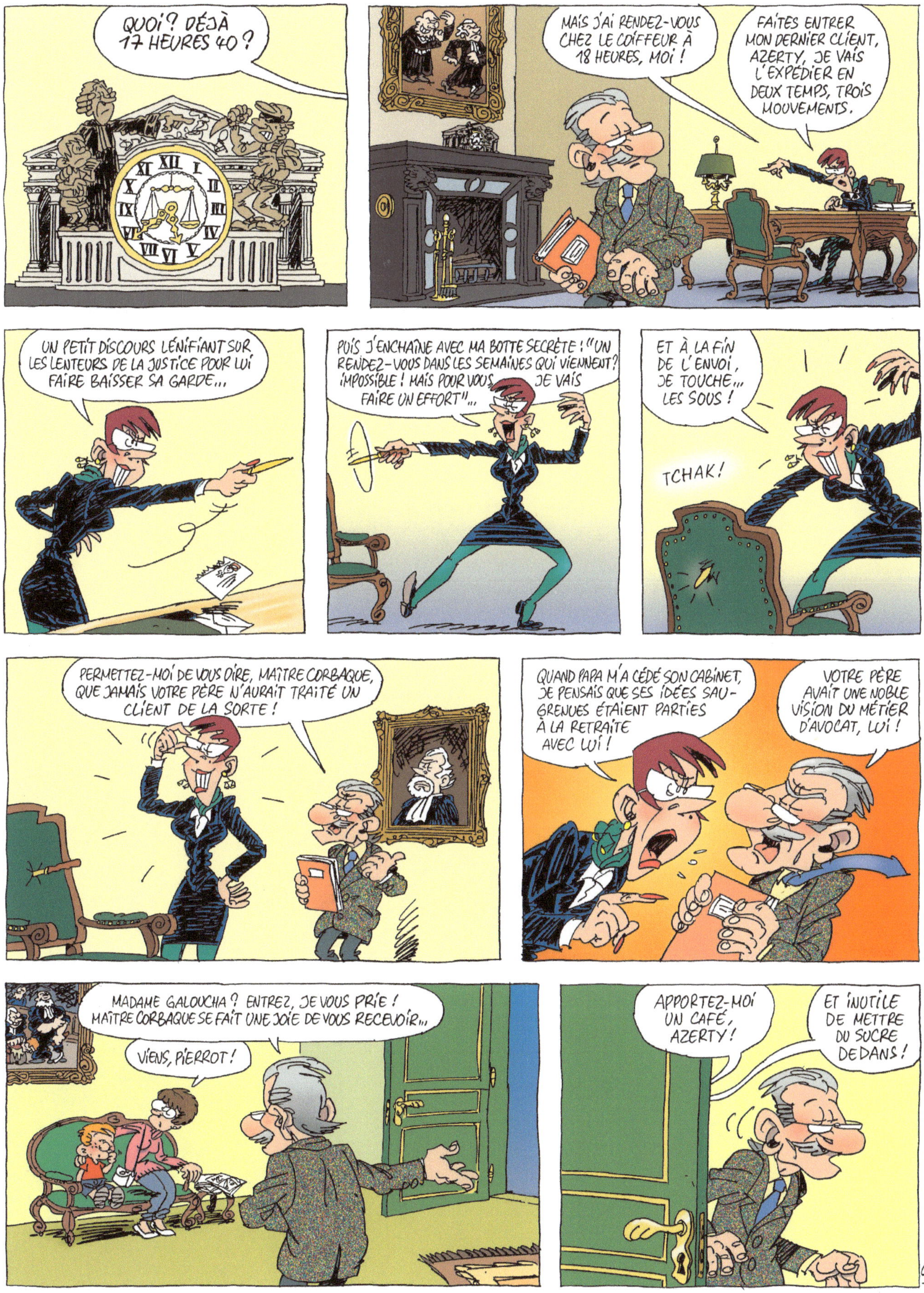
QUOI ? DÉJÀ 17 HEURES 40 ?
MAIS J'AI RENDEZ-VOUS CHEZ LE COIFFEUR À 18 HEURES, MOI !
FAITES ENTRER MON DERNIER CLIENT, AZERTY, JE VAIS L'EXPÉDIER EN DEUX TEMPS, TROIS MOUVEMENTS.
UN PETIT DISCOURS LÉNIFIANT SUR LES LENTEURS DE LA JUSTICE POUR LUI FAIRE BAISSER SA GARDE...
PUIS J'ENCHAÎNE AVEC MA BOTTE SECRÈTE : "UN RENDEZ-VOUS DANS LES SEMAINES QUI VIENNENT ? IMPOSSIBLE ! MAIS POUR VOUS, JE VAIS FAIRE UN EFFORT"...
ET À LA FIN DE L'ENVOI, JE TOUCHE... LES SOUS !
TCHAK !
PERMETTEZ-MOI DE VOUS DIRE, MAÎTRE CORBAQUE, QUE JAMAIS VOTRE PÈRE N'AURAIT TRAITÉ UN CLIENT DE LA SORTE !
QUAND PAPA M'A CÉDÉ SON CABINET, JE PENSAIS QUE SES IDÉES SAUGRENUES ÉTAIENT PARTIES À LA RETRAITE AVEC LUI !
VOTRE PÈRE AVAIT UNE NOBLE VISION DU MÉTIER D'AVOCAT, LUI !
MADAME GALOUCHA ? ENTREZ, JE VOUS PRIE ! MAÎTRE CORBAQUE SE FAIT UNE JOIE DE VOUS RECEVOIR...
VIENS, PIERROT !
APPORTEZ-MOI UN CAFÉ, AZERTY !
ET INUTILE DE METTRE DU SUCRE DEDANS !

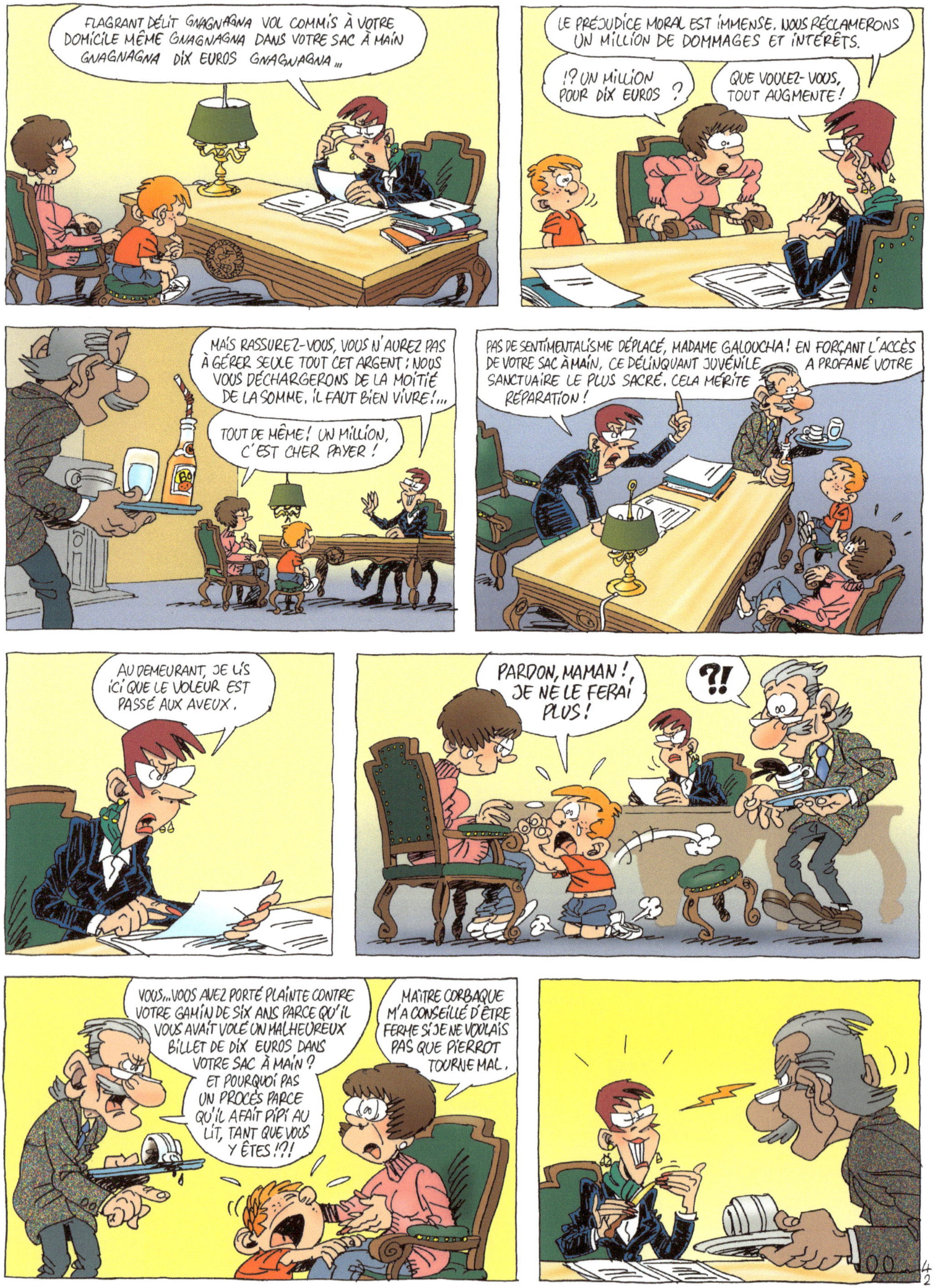
FLAGRANT DÉLIT GNAGNAGNA VOL COMMIS À VOTRE DOMICILE MÊME GNAGNAGNA DANS VOTRE SAC À MAIN GNAGNAGNA DIX EUROS GNAGNAGNA...
LE PRÉJUDICE MORAL EST IMMENSE. NOUS RÉCLAMERONS UN MILLION DE DOMMAGES ET INTÉRÊTS.
!? UN MILLION POUR DIX EUROS ?
QUE VOULEZ-VOUS, TOUT AUGMENTE !
MAIS RASSUREZ-VOUS, VOUS N'AUREZ PAS À GÉRER SEULE TOUT CET ARGENT : NOUS VOUS DÉCHARGERONS DE LA MOITIÉ DE LA SOMME. IL FAUT BIEN VIVRE !...
TOUT DE MÊME ! UN MILLION, C'EST CHER PAYER !
PAS DE SENTIMENTALISME DÉPLACÉ, MADAME GALOUCHA ! EN FORÇANT L'ACCÈS DE VOTRE SAC À MAIN, CE DÉLINQUANT JUVÉNILE A PROFANÉ VOTRE SANCTUAIRE LE PLUS SACRÉ. CELA MÉRITE RÉPARATION !
AU DEMEURANT, JE LIS ICI QUE LE VOLEUR EST PASSÉ AUX AVEUX.
PARDON, MAMAN !, JE NE LE FERAI PLUS !
?!
VOUS... VOUS AVEZ PORTÉ PLAINTE CONTRE VOTRE GAMIN DE SIX ANS PARCE QU'IL VOUS AVAIT VOLÉ UN MALHEUREUX BILLET DE DIX EUROS DANS VOTRE SAC À MAIN ? ET POURQUOI PAS UN PROCÈS PARCE QU'IL A FAIT PIPI AU LIT, TANT QUE VOUS Y ÊTES !?!
MAÎTRE CORBAQUE M'A CONSEILLÉ D'ÊTRE FERME SI JE NE VOULAIS PAS QUE PIERROT TOURNE MAL.

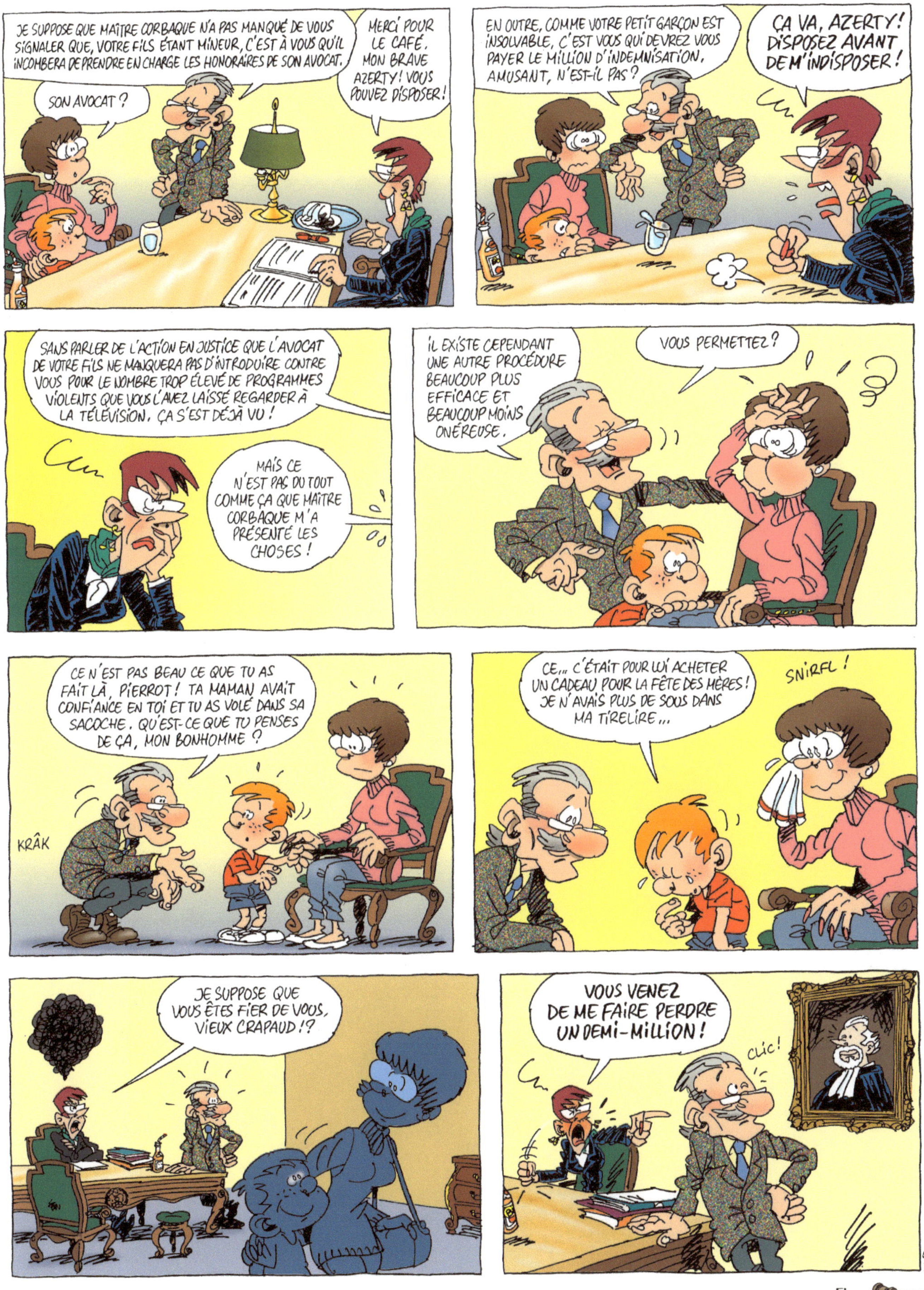

JE SUPPOSE QUE MAÎTRE CORBAQUE N'A PAS MANQUÉ DE VOUS SIGNALER QUE, VOTRE FILS ÉTANT MINEUR, C'EST À VOUS QU'IL INCOMBERA DE PRENDRE EN CHARGE LES HONORAIRES DE SON AVOCAT.
SON AVOCAT ?
MERCI POUR LE CAFÉ, MON BRAVE AZERTY ! VOUS POUVEZ DISPOSER !
EN OUTRE, COMME VOTRE PETIT GARÇON EST INSOLVABLE, C'EST VOUS QUI DEVREZ VOUS PAYER LE MILLION D'INDEMNISATION. AMUSANT, N'EST-IL PAS ?
ÇA VA, AZERTY ! DISPOSEZ AVANT DE M'INDISPOSER !
SANS PARLER DE L'ACTION EN JUSTICE QUE L'AVOCAT DE VOTRE FILS NE MANQUERA PAS D'INTRODUIRE CONTRE VOUS POUR LE NOMBRE TROP ÉLEVÉ DE PROGRAMMES VIOLENTS QUE VOUS L'AVEZ LAISSÉ REGARDER À LA TÉLÉVISION. ÇA S'EST DÉJÀ VU !
MAIS CE N'EST PAS DU TOUT COMME ÇA QUE MAÎTRE CORBAQUE M'A PRÉSENTÉ LES CHOSES !
IL EXISTE CEPENDANT UNE AUTRE PROCÉDURE BEAUCOUP PLUS EFFICACE ET BEAUCOUP MOINS ONÉREUSE.
VOUS PERMETTEZ ?
CE N'EST PAS BEAU CE QUE TU AS FAIT LÀ, PIERROT ! TA MAMAN AVAIT CONFIANCE EN TOI ET TU AS VOLÉ DANS SA SACOCHE. QU'EST-CE QUE TU PENSES DE ÇA, MON BONHOMME ?
KRÂK
CE... C'ÉTAIT POUR LUI ACHETER UN CADEAU POUR LA FÊTE DES MÈRES ! JE N'AVAIS PLUS DE SOUS DANS MA TIRELIRE...
SNIRFL !
JE SUPPOSE QUE VOUS ÊTES FIER DE VOUS, VIEUX CRAPAUD !?
VOUS VENEZ DE ME FAIRE PERDRE UN DEMI-MILLION !
CLIC !
4
3

Fin

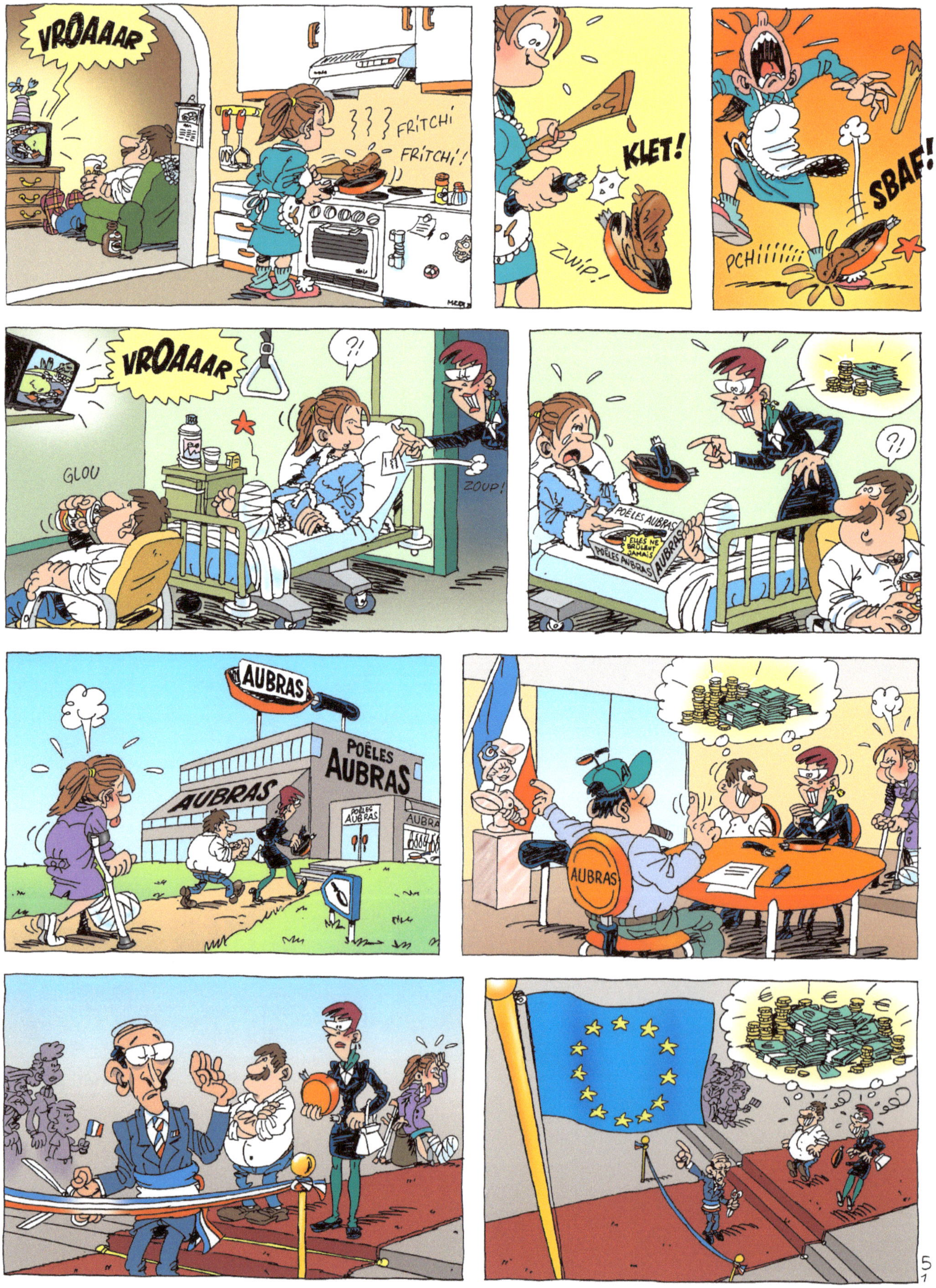
VROAAAR
FRITCHI
FRITCHI !
KLET !
ZWIP !
SBAF !
PCHIIIIII
VROAAAR
GLOU
?!
ZOUP !
?!
POÊLES AUBRAS
ELLES NE BRÛLENT JAMAIS
POÊLES AUBRAS
AUBRAS
AUBRAS
POÊLES AUBRAS
AUBRAS
POÊLES AUBRAS
AUBRAS
AUBRAS

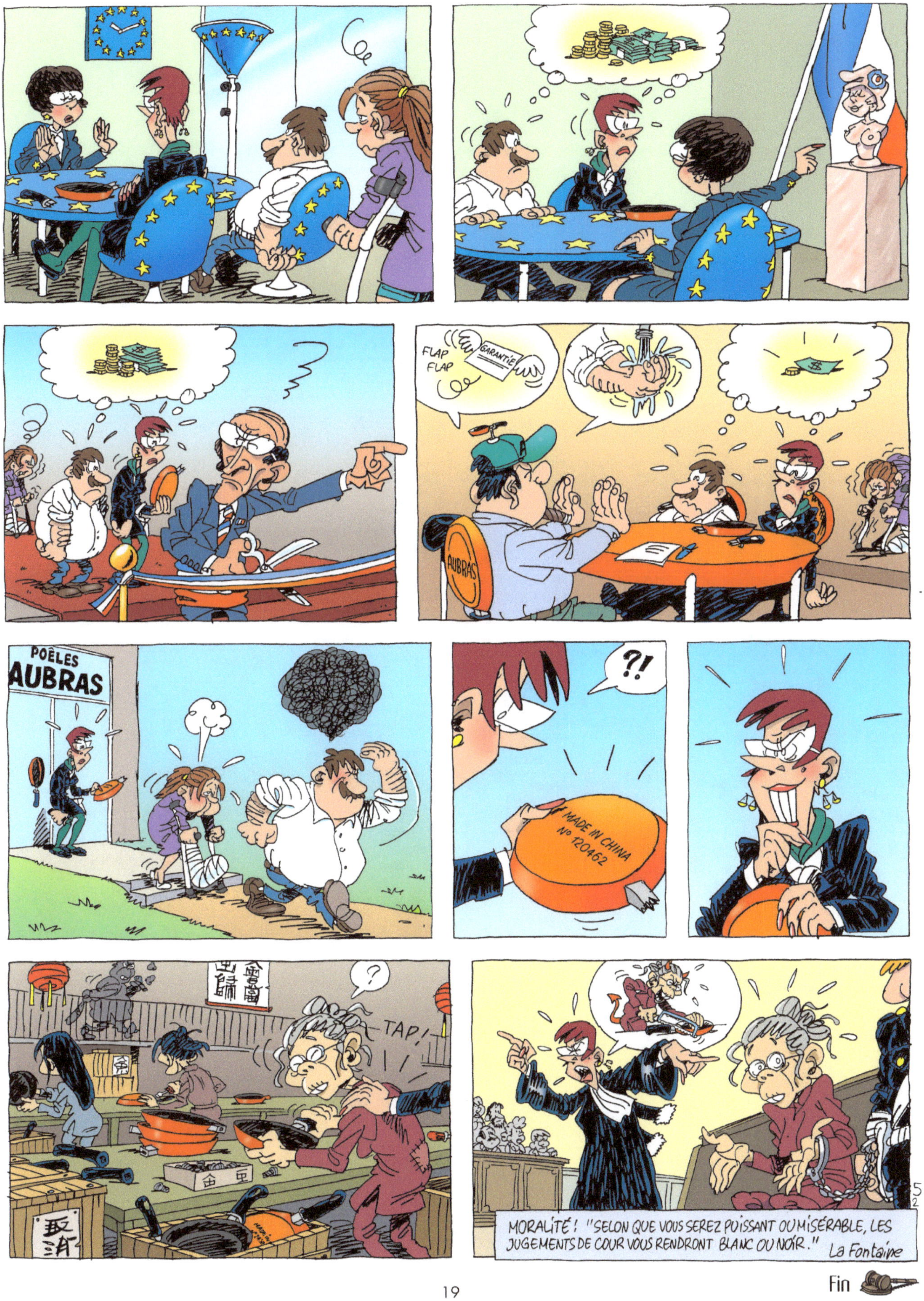
FLAP
FLAP
GARANTIE
POÊLES
AUBRAS
AUBRAS
?!
MADE IN CHINA
N° 120462
?
TAP!
MORALITÉ ! "SELON QUE VOUS SEREZ PUISSANT OU MISÉRABLE, LES JUGEMENTS DE COUR VOUS RENDRONT BLANC OU NOIR." La Fontaine
Fin

Va t'faire foot !

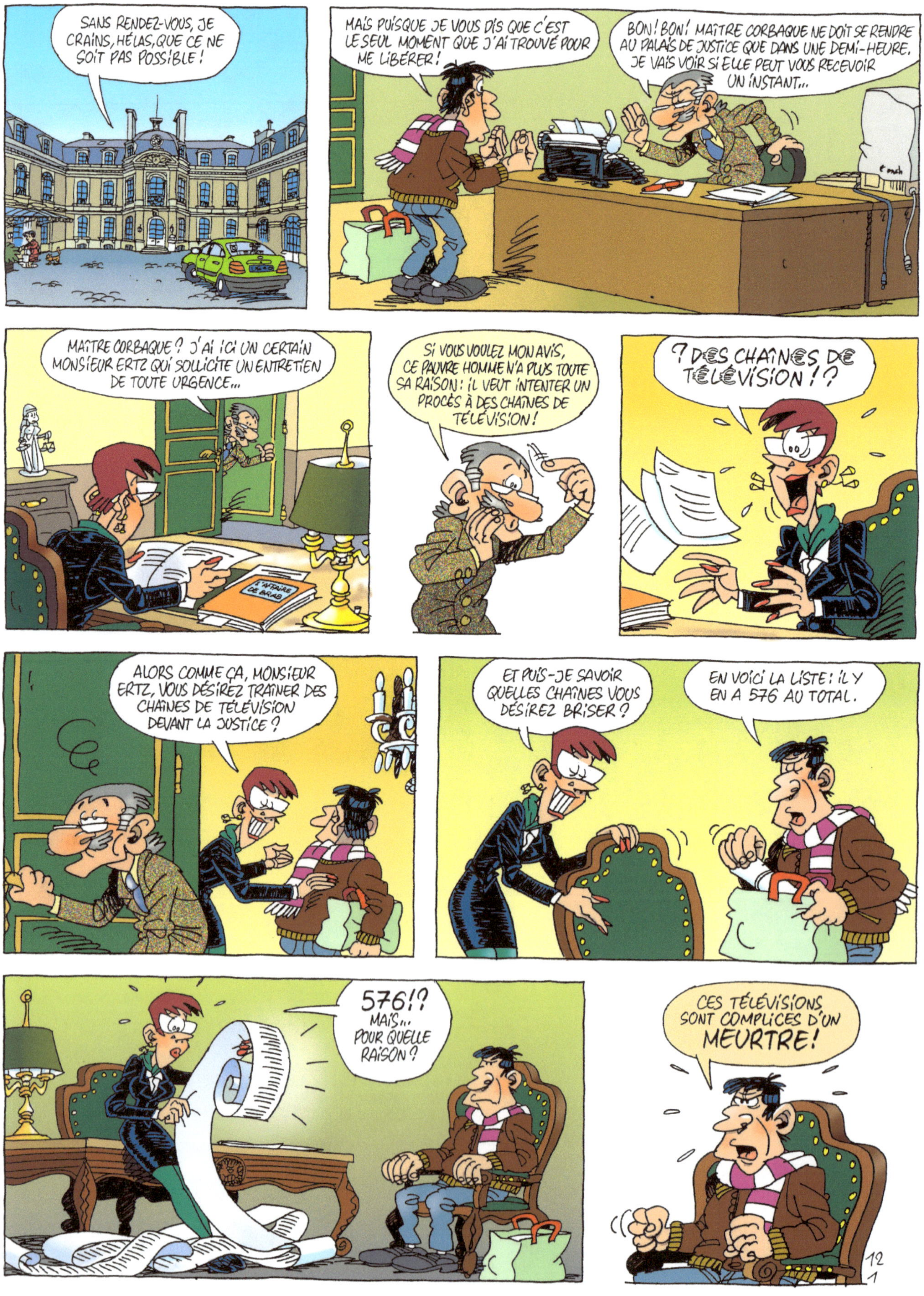

SANS RENDEZ-VOUS, JE CRAINS, HÉLAS, QUE CE NE SOIT PAS POSSIBLE !
MAIS PUISQUE JE VOUS DIS QUE C'EST LE SEUL MOMENT QUE J'AI TROUVÉ POUR ME LIBÉRER !
BON ! BON ! MAÎTRE CORBAQUE NE DOIT SE RENDRE AU PALAIS DE JUSTICE QUE DANS UNE DEMI-HEURE. JE VAIS VOIR SI ELLE PEUT VOUS RECEVOIR UN INSTANT...
MAÎTRE CORBAQUE ? J'AI ICI UN CERTAIN MONSIEUR ERTZ QUI SOLLICITE UN ENTRETIEN DE TOUTE URGENCE...
L'AFFAIRE DE BRAB
SI VOUS VOULEZ MON AVIS, CE PAUVRE HOMME N'A PLUS TOUTE SA RAISON : IL VEUT INTENTER UN PROCÈS À DES CHAÎNES DE TÉLÉVISION !
? DES CHAÎNES DE TÉLÉVISION ! ?
ALORS COMME ÇA, MONSIEUR ERTZ, VOUS DÉSIREZ TRAÎNER DES CHAÎNES DE TÉLÉVISION DEVANT LA JUSTICE ?
ET PUIS-JE SAVOIR QUELLES CHAÎNES VOUS DÉSIREZ BRISER ?
EN VOICI LA LISTE : IL Y EN A 576 AU TOTAL.
576 ! ? MAIS... POUR QUELLE RAISON ?
CES TÉLÉVISIONS SONT COMPLICES D'UN MEURTRE !
12
1

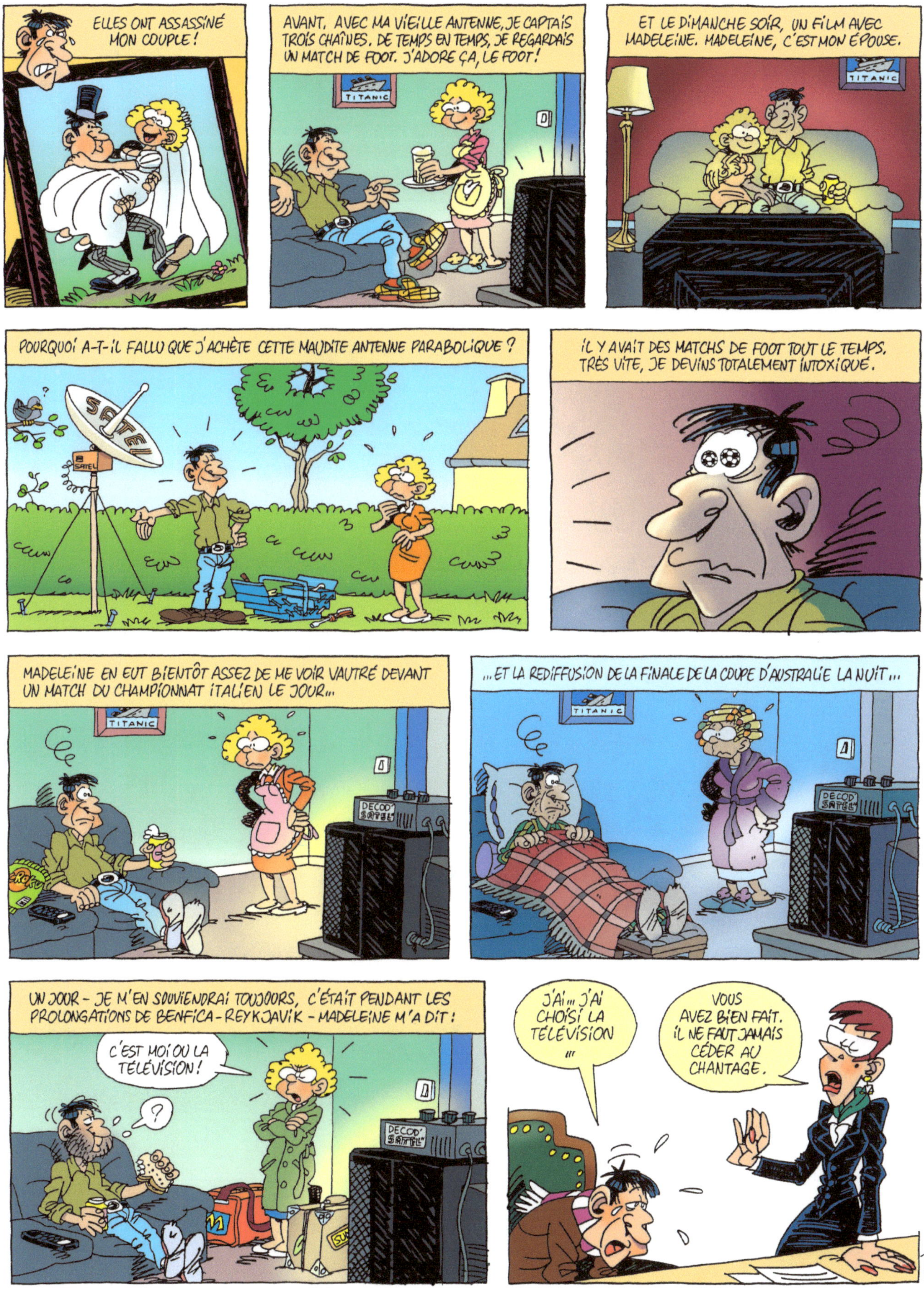

ELLES ONT ASSASSINÉ MON COUPLE !
AVANT, AVEC MA VIEILLE ANTENNE, JE CAPTAIS TROIS CHAÎNES. DE TEMPS EN TEMPS, JE REGARDAIS UN MATCH DE FOOT. J'ADORE ÇA, LE FOOT !
TITANIC
ET LE DIMANCHE SOIR, UN FILM AVEC MADELEINE. MADELEINE, C'EST MON ÉPOUSE.
TITANIC
POURQUOI A-T-IL FALLU QUE J'ACHÈTE CETTE MAUDITE ANTENNE PARABOLIQUE ?
SATEL
IL Y AVAIT DES MATCHS DE FOOT TOUT LE TEMPS. TRÈS VITE, JE DEVINS TOTALEMENT INTOXIQUÉ.
MADELEINE EN EUT BIENTÔT ASSEZ DE ME VOIR VAUTRÉ DEVANT UN MATCH DU CHAMPIONNAT ITALIEN LE JOUR...
TITANIC
DECOD' SATEL
...ET LA REDIFFUSION DE LA FINALE DE LA COUPE D'AUSTRALIE LA NUIT...
TITANIC
DECOD' SATEL
UN JOUR - JE M'EN SOUVIENDRAI TOUJOURS, C'ÉTAIT PENDANT LES PROLONGATIONS DE BENFICA-REYKJAVIK - MADELEINE M'A DIT :
C'EST MOI OU LA TÉLÉVISION !
?
DECOD' SATEL
J'AI... J'AI CHOISI LA TÉLÉVISION ...
VOUS AVEZ BIEN FAIT. IL NE FAUT JAMAIS CÉDER AU CHANTAGE.

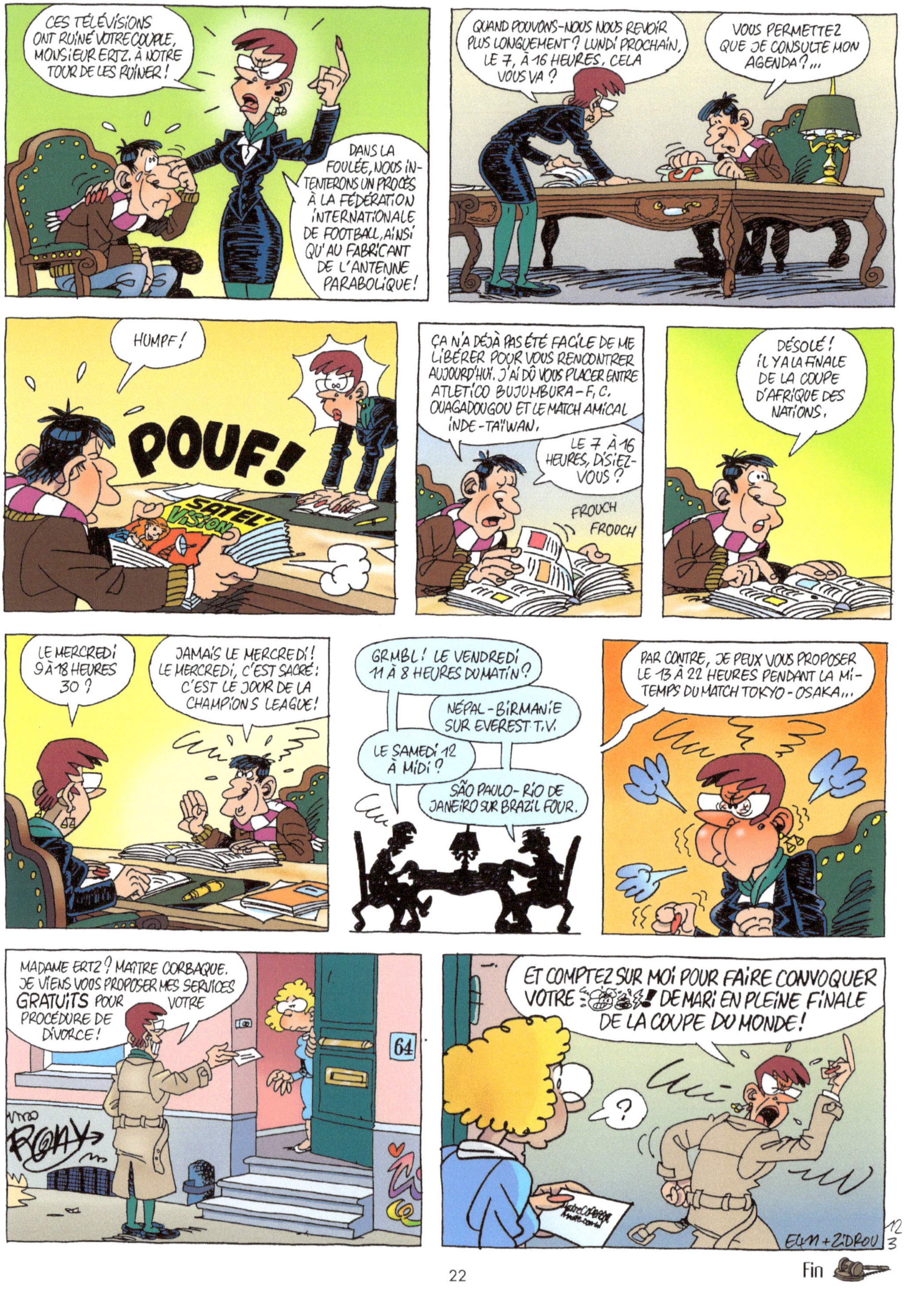
CES TÉLÉVISIONS ONT RUINÉ VOTRE COUPLE, MONSIEUR ERTZ. À NOTRE TOUR DE LES RUINER !
DANS LA FOULÉE, NOUS INTENTERONS UN PROCÈS À LA FÉDÉRATION INTERNATIONALE DE FOOTBALL, AINSI QU'AU FABRICANT DE L'ANTENNE PARABOLIQUE !
QUAND POUVONS-NOUS NOUS REVOIR PLUS LONGUEMENT ? LUNDI PROCHAIN, LE 7, À 16 HEURES, CELA VOUS VA ?
VOUS PERMETTEZ QUE JE CONSULTE MON AGENDA ?...
HUMPF !
POUF !
SATEL' VISION
ÇA N'A DÉJÀ PAS ÉTÉ FACILE DE ME LIBÉRER POUR VOUS RENCONTRER AUJOURD'HUI. J'AI DÛ VOUS PLACER ENTRE ATLETICO BUJUMBURA - F. C. OUAGADOUGOU ET LE MATCH AMICAL INDE-TAÏWAN.
LE 7 À 16 HEURES, DISIEZ-VOUS ?
FROUCH
FROUCH
DÉSOLÉ ! IL Y A LA FINALE DE LA COUPE D'AFRIQUE DES NATIONS.
LE MERCREDI 9 À 18 HEURES 30 ?
JAMAIS LE MERCREDI ! LE MERCREDI, C'EST SACRÉ : C'EST LE JOUR DE LA CHAMPIONS LEAGUE !
GRMBL ! LE VENDREDI 11 À 8 HEURES DU MATIN ?
NÉPAL - BIRMANIE SUR EVEREST T.V.
LE SAMEDI 12 À MIDI ?
SÃO PAULO - RIO DE JANEIRO SUR BRAZIL FOUR.
PAR CONTRE, JE PEUX VOUS PROPOSER LE 13 À 22 HEURES PENDANT LA MI-TEMPS DU MATCH TOKYO - OSAKA...
MADAME ERTZ ? MAÎTRE CORBAQUE. JE VIENS VOUS PROPOSER MES SERVICES GRATUITS POUR VOTRE PROCÉDURE DE DIVORCE !
64
?
ET COMPTEZ SUR MOI POUR FAIRE CONVOQUER VOTRE ... ! DE MARI EN PLEINE FINALE DE LA COUPE DU MONDE !
E4N + ZIDROU
12
3

Fin

Quand la bise fut venue...

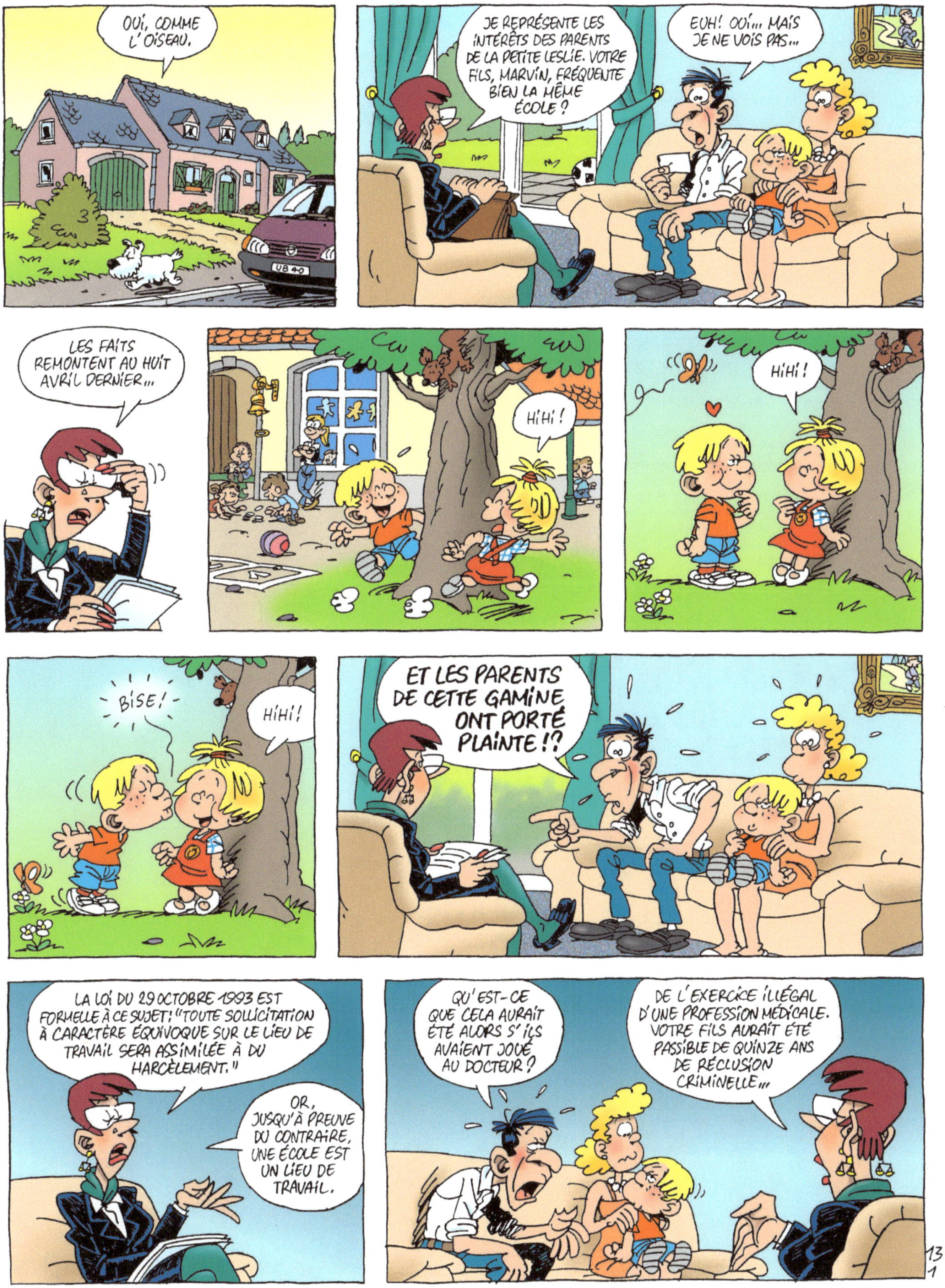

OUI, COMME L'OISEAU.
JE REPRÉSENTE LES INTÉRÊTS DES PARENTS DE LA PETITE LESLIE. VOTRE FILS, MARVIN, FRÉQUENTE BIEN LA MÊME ÉCOLE ?
EUH ! OUI... MAIS JE NE VOIS PAS...
LES FAITS REMONTENT AU HUIT AVRIL DERNIER...
HIHI !
HIHI !
BISE !
HIHI !
ET LES PARENTS DE CETTE GAMINE ONT PORTÉ PLAINTE !?
LA LOI DU 29 OCTOBRE 1993 EST FORMELLE À CE SUJET : "TOUTE SOLLICITATION À CARACTÈRE ÉQUIVOQUE SUR LE LIEU DE TRAVAIL SERA ASSIMILÉE À DU HARCÈLEMENT."
OR, JUSQU'À PREUVE DU CONTRAIRE, UNE ÉCOLE EST UN LIEU DE TRAVAIL.
QU'EST-CE QUE CELA AURAIT ÉTÉ ALORS S'ILS AVAIENT JOUÉ AU DOCTEUR ?
DE L'EXERCICE ILLÉGAL D'UNE PROFESSION MÉDICALE. VOTRE FILS AURAIT ÉTÉ PASSIBLE DE QUINZE ANS DE RÉCLUSION CRIMINELLE...
13
1

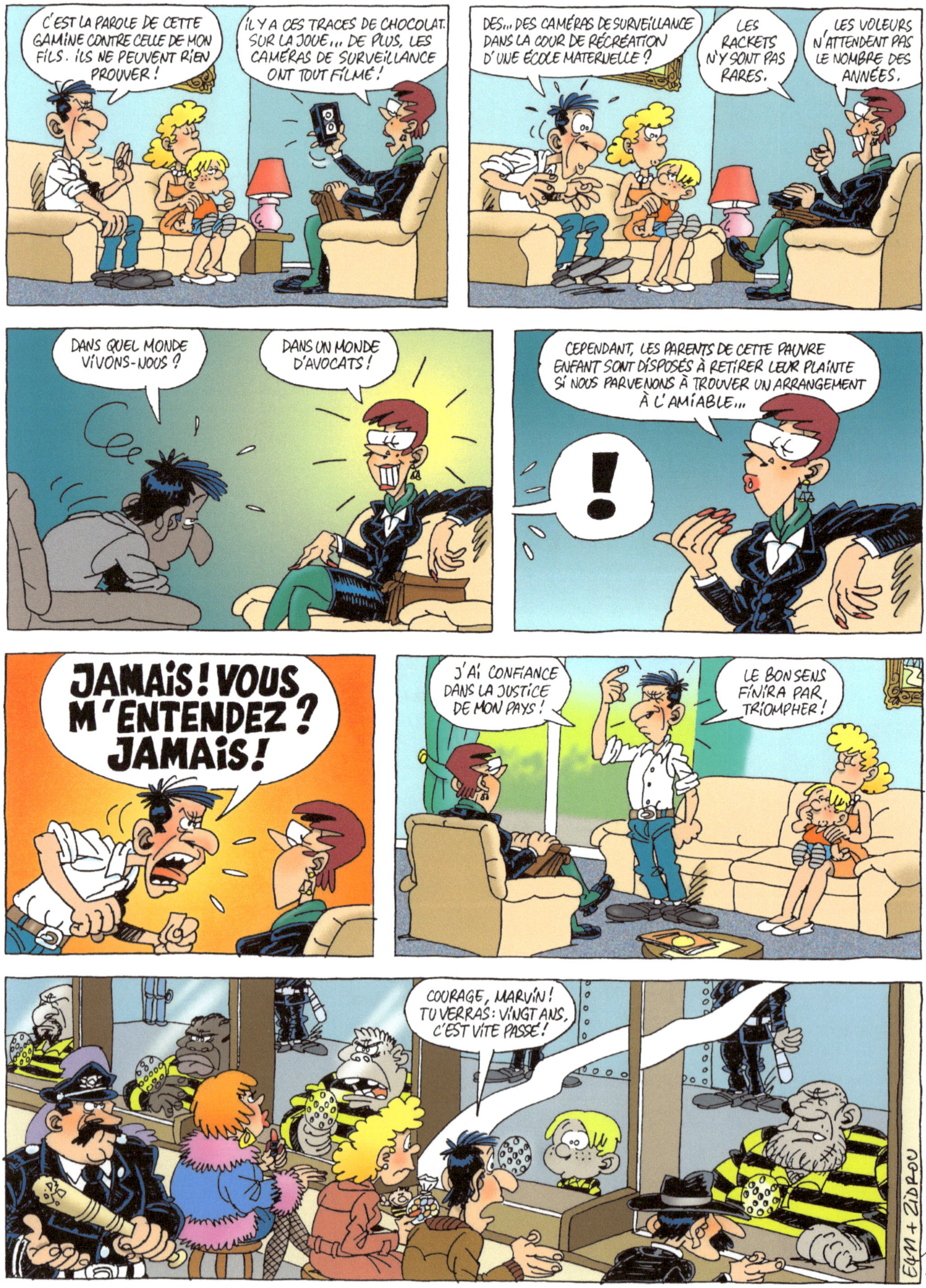
C'EST LA PAROLE DE CETTE GAMINE CONTRE CELLE DE MON FILS. ILS NE PEUVENT RIEN PROUVER !
IL Y A CES TRACES DE CHOCOLAT SUR LA JOUE... DE PLUS, LES CAMÉRAS DE SURVEILLANCE ONT TOUT FILMÉ !
DES... DES CAMÉRAS DE SURVEILLANCE DANS LA COUR DE RÉCRÉATION D'UNE ÉCOLE MATERNELLE ?
LES RACKETS N'Y SONT PAS RARES.
LES VOLEURS N'ATTENDENT PAS LE NOMBRE DES ANNÉES.
DANS QUEL MONDE VIVONS-NOUS ?
DANS UN MONDE D'AVOCATS !
CEPENDANT, LES PARENTS DE CETTE PAUVRE ENFANT SONT DISPOSÉS À RETIRER LEUR PLAINTE SI NOUS PARVENONS À TROUVER UN ARRANGEMENT À L'AMIABLE...
!
JAMAIS ! VOUS M'ENTENDEZ ? JAMAIS !
J'AI CONFIANCE DANS LA JUSTICE DE MON PAYS !
LE BON SENS FINIRA PAR TRIOMPHER !
COURAGE, MARVIN ! TU VERRAS : VINGT ANS, C'EST VITE PASSÉ !
ELM + ZIDROU
13
2

Fin

Comment ?

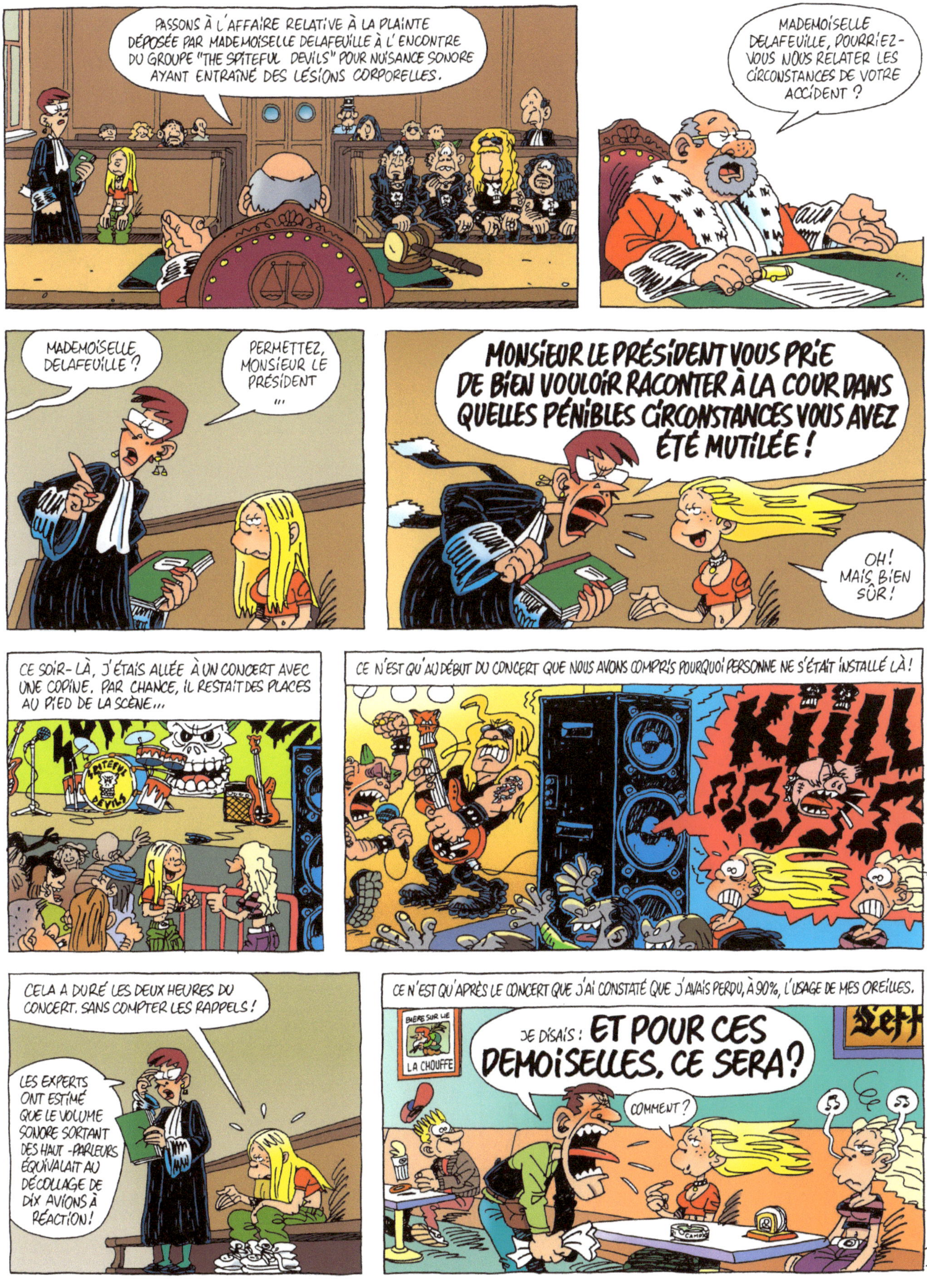

PASSONS À L'AFFAIRE RELATIVE À LA PLAINTE DÉPOSÉE PAR MADEMOISELLE DELAFEUILLE À L'ENCONTRE DU GROUPE "THE SPITEFUL DEVILS" POUR NUISANCE SONORE AYANT ENTRAÎNÉ DES LÉSIONS CORPORELLES.
MADEMOISELLE DELAFEUILLE, POURRIEZ-VOUS NOUS RELATER LES CIRCONSTANCES DE VOTRE ACCIDENT ?
MADEMOISELLE DELAFEUILLE ?
PERMETTEZ, MONSIEUR LE PRÉSIDENT ...
MONSIEUR LE PRÉSIDENT VOUS PRIE DE BIEN VOULOIR RACONTER À LA COUR DANS QUELLES PÉNIBLES CIRCONSTANCES VOUS AVEZ ÉTÉ MUTILÉE !
OH ! MAIS BIEN SÛR !
CE SOIR-LÀ, J'ÉTAIS ALLÉE À UN CONCERT AVEC UNE COPINE. PAR CHANCE, IL RESTAIT DES PLACES AU PIED DE LA SCÈNE...
SPITEFUL DEVILS
CE N'EST QU'AU DÉBUT DU CONCERT QUE NOUS AVONS COMPRIS POURQUOI PERSONNE NE S'ÉTAIT INSTALLÉ LÀ !
KILL
CELA A DURÉ LES DEUX HEURES DU CONCERT. SANS COMPTER LES RAPPELS !
LES EXPERTS ONT ESTIMÉ QUE LE VOLUME SONORE SORTANT DES HAUT-PARLEURS ÉQUIVALAIT AU DÉCOLLAGE DE DIX AVIONS À RÉACTION !
CE N'EST QU'APRÈS LE CONCERT QUE J'AI CONSTATÉ QUE J'AVAIS PERDU, À 90%, L'USAGE DE MES OREILLES.
BIÈRE SUR LIE
LA CHOUFFE
JE DISAIS : ET POUR CES DEMOISELLES, CE SERA ?
COMMENT ?

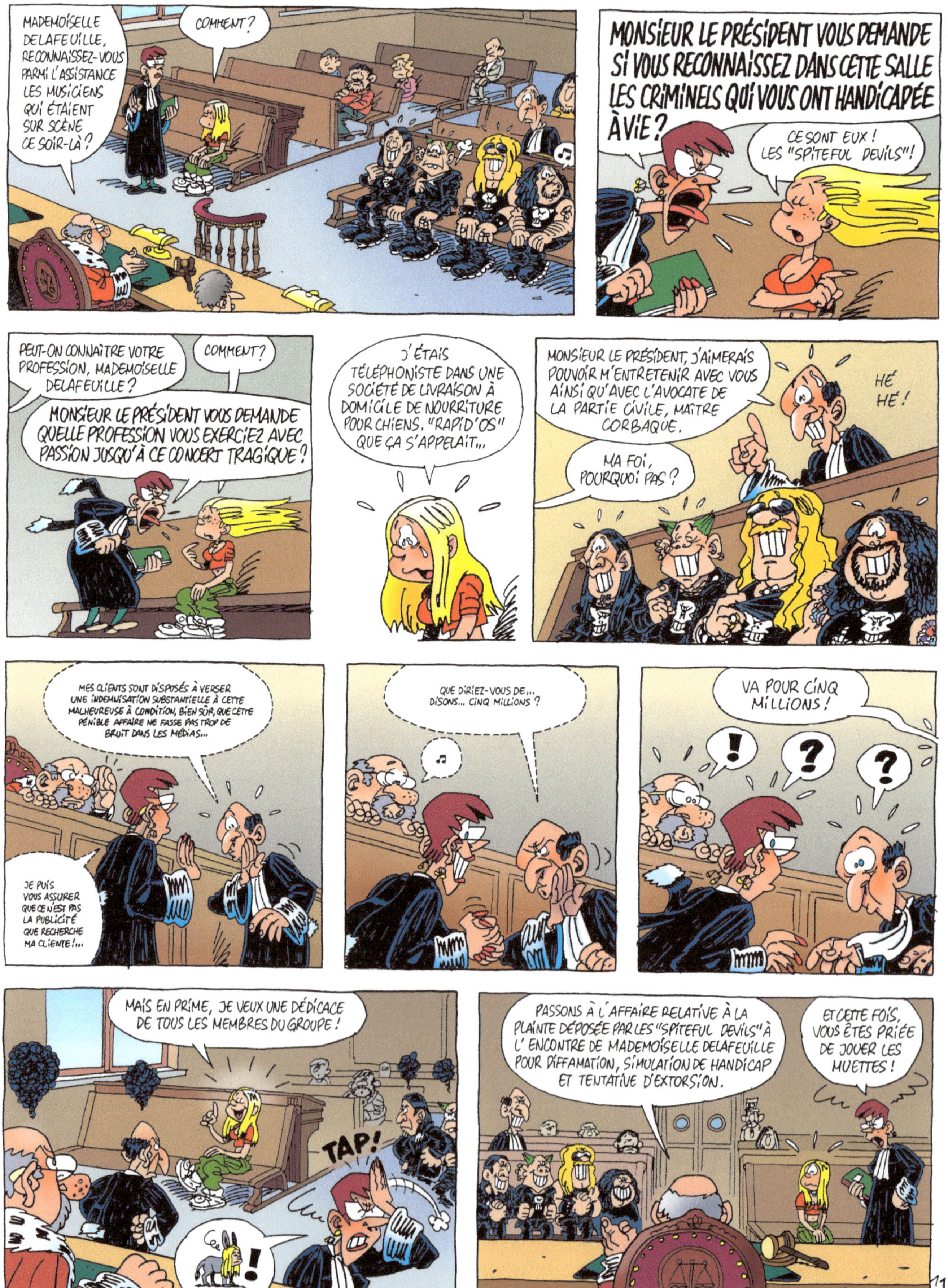
MADEMOISELLE DELAFEUILLE, RECONNAISSEZ-VOUS PARMI L'ASSISTANCE LES MUSICIENS QUI ÉTAIENT SUR SCÈNE CE SOIR-LÀ ?
COMMENT ?
MONSIEUR LE PRÉSIDENT VOUS DEMANDE SI VOUS RECONNAISSEZ DANS CETTE SALLE LES CRIMINELS QUI VOUS ONT HANDICAPÉE À VIE ?
CE SONT EUX ! LES "SPITEFUL DEVILS" !
PEUT-ON CONNAÎTRE VOTRE PROFESSION, MADEMOISELLE DELAFEUILLE ?
COMMENT ?
MONSIEUR LE PRÉSIDENT VOUS DEMANDE QUELLE PROFESSION VOUS EXERCIEZ AVEC PASSION JUSQU'À CE CONCERT TRAGIQUE ?
J'ÉTAIS TÉLÉPHONISTE DANS UNE SOCIÉTÉ DE LIVRAISON À DOMICILE DE NOURRITURE POUR CHIENS. "RAPID'OS" QUE ÇA S'APPELAIT...
MONSIEUR LE PRÉSIDENT, J'AIMERAIS POUVOIR M'ENTRETENIR AVEC VOUS AINSI QU'AVEC L'AVOCATE DE LA PARTIE CIVILE, MAÎTRE CORBAQUE.
HÉ HÉ !
MA FOI, POURQUOI PAS ?
MES CLIENTS SONT DISPOSÉS À VERSER UNE INDEMNISATION SUBSTANTIELLE À CETTE MALHEUREUSE À CONDITION, BIEN SÛR, QUE CETTE PÉNIBLE AFFAIRE NE FASSE PAS TROP DE BRUIT DANS LES MÉDIAS...
JE PUIS VOUS ASSURER QUE CE N'EST PAS LA PUBLICITÉ QUE RECHERCHE MA CLIENTE !...
QUE DIRIEZ-VOUS DE... DISONS... CINQ MILLIONS ?
VA POUR CINQ MILLIONS !
!
?
?
MAIS EN PRIME, JE VEUX UNE DÉDICACE DE TOUS LES MEMBRES DU GROUPE !
TAP!
!
PASSONS À L'AFFAIRE RELATIVE À LA PLAINTE DÉPOSÉE PAR LES "SPITEFUL DEVILS" À L'ENCONTRE DE MADEMOISELLE DELAFEUILLE POUR DIFFAMATION, SIMULATION DE HANDICAP ET TENTATIVE D'EXTORSION.
ET CETTE FOIS, VOUS ÊTES PRIÉE DE JOUER LES MUETTES !
11
2

Fin

Punaise !

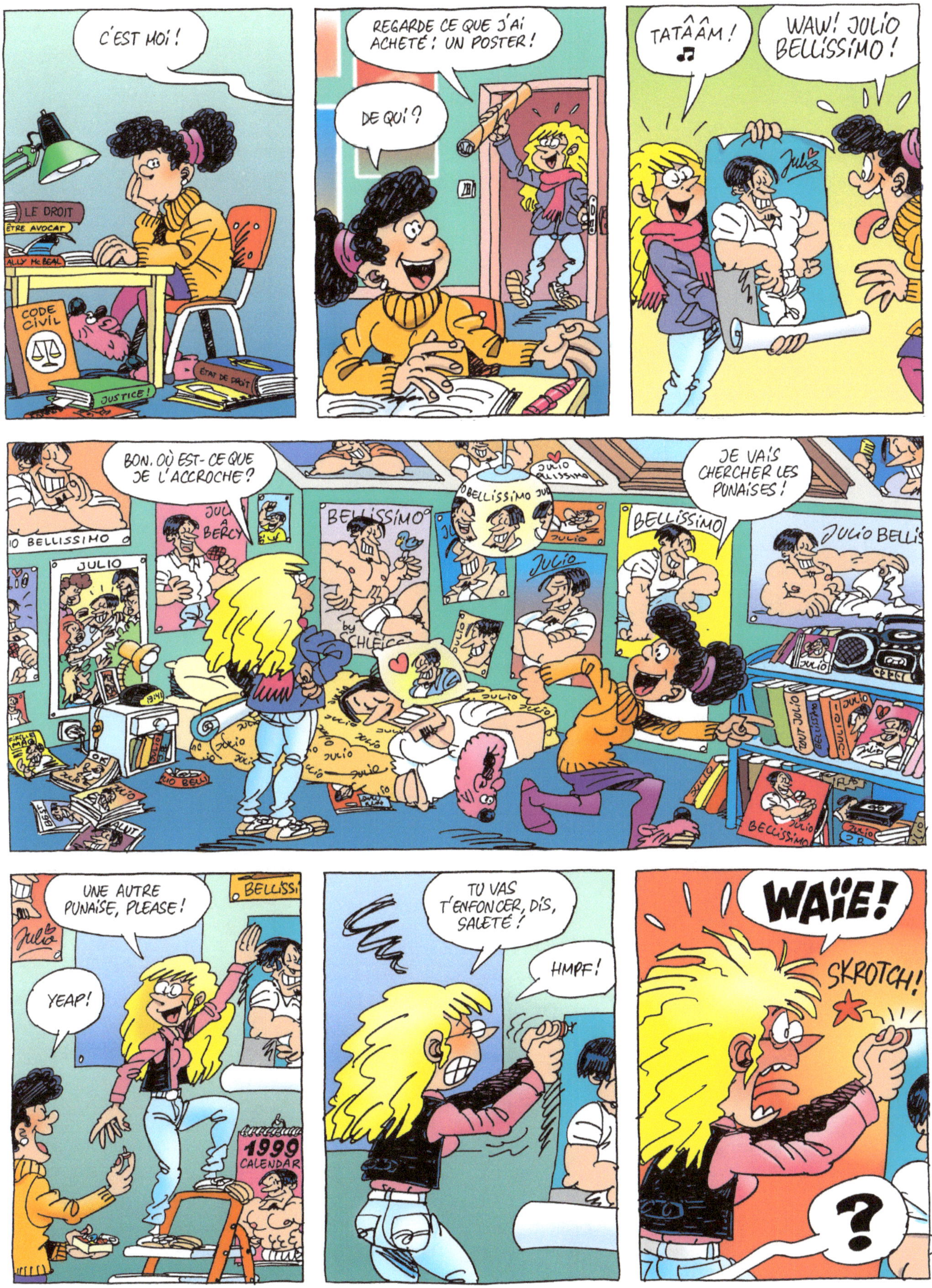
C'EST MOI !
LE DROIT
ÊTRE AVOCAT
ALLY McBEAL
CODE CIVIL
JUSTICE !
REGARDE CE QUE J'AI ACHETÉ : UN POSTER !
DE QUI ?
TATÂÂM ! ♫
WAW ! JULIO BELLISSIMO !
BON, OÙ EST-CE QUE JE L'ACCROCHE ?
JE VAIS CHERCHER LES PUNAISES !
UNE AUTRE PUNAISE, PLEASE !
YEAP !
1999 CALENDAR
TU VAS T'ENFONCER, DIS, SALETÉ !
HMPF !
WAÏE !
SKROTCH !
?

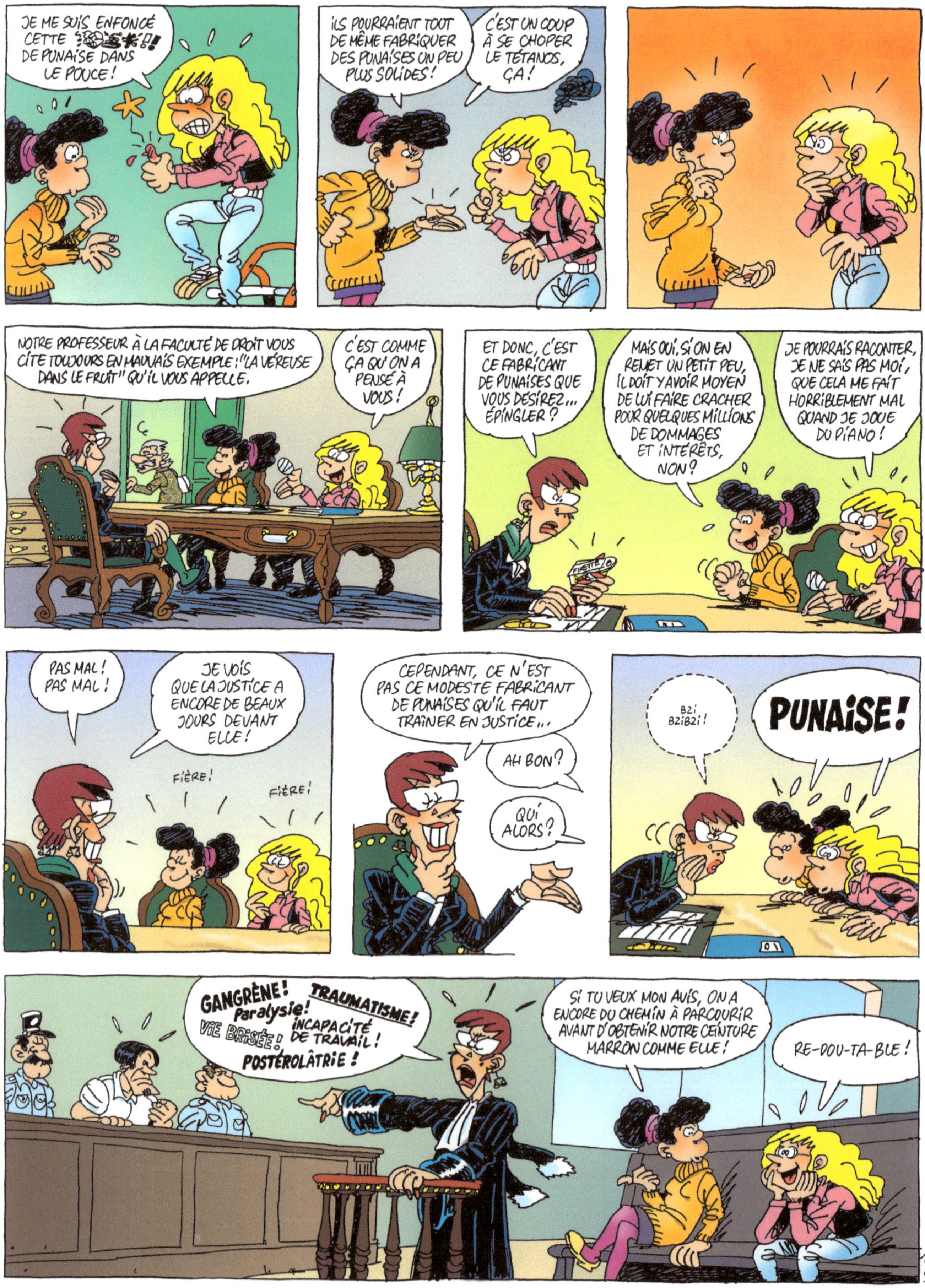
JE ME SUIS ENFONCÉ CETTE !! DE PUNAISE DANS LE POUCE !
ILS POURRAIENT TOUT DE MÊME FABRIQUER DES PUNAISES UN PEU PLUS SOLIDES !
C'EST UN COUP À SE CHOPER LE TÉTANOS, ÇA !
NOTRE PROFESSEUR À LA FACULTÉ DE DROIT VOUS CITE TOUJOURS EN MAUVAIS EXEMPLE : "LA VÉREUSE DANS LE FRUIT" QU'IL VOUS APPELLE.
C'EST COMME ÇA QU'ON A PENSÉ À VOUS !
ET DONC, C'EST CE FABRICANT DE PUNAISES QUE VOUS DÉSIREZ... ÉPINGLER ?
MAIS OUI, SI ON EN REMET UN PETIT PEU, IL DOIT Y AVOIR MOYEN DE LUI FAIRE CRACHER POUR QUELQUES MILLIONS DE DOMMAGES ET INTÉRÊTS, NON ?
JE POURRAIS RACONTER, JE NE SAIS PAS MOI, QUE CELA ME FAIT HORRIBLEMENT MAL QUAND JE JOUE DU PIANO !
PAS MAL ! PAS MAL !
JE VOIS QUE LA JUSTICE A ENCORE DE BEAUX JOURS DEVANT ELLE !
FIÈRE !
FIÈRE !
CEPENDANT, CE N'EST PAS CE MODESTE FABRICANT DE PUNAISES QU'IL FAUT TRAÎNER EN JUSTICE...
AH BON ?
QUI ALORS ?
BZI BZIBZI !
PUNAISE !
GANGRÈNE ! Paralysie ! TRAUMATISME ! VIE BRISÉE ! INCAPACITÉ DE TRAVAIL ! POSTÉROLÂTRIE !
SI TU VEUX MON AVIS, ON A ENCORE DU CHEMIN À PARCOURIR AVANT D'OBTENIR NOTRE CEINTURE MARRON COMME ELLE !
RE-DOU-TA-BLE !

Fin

Nom d'un Schtrumpf !

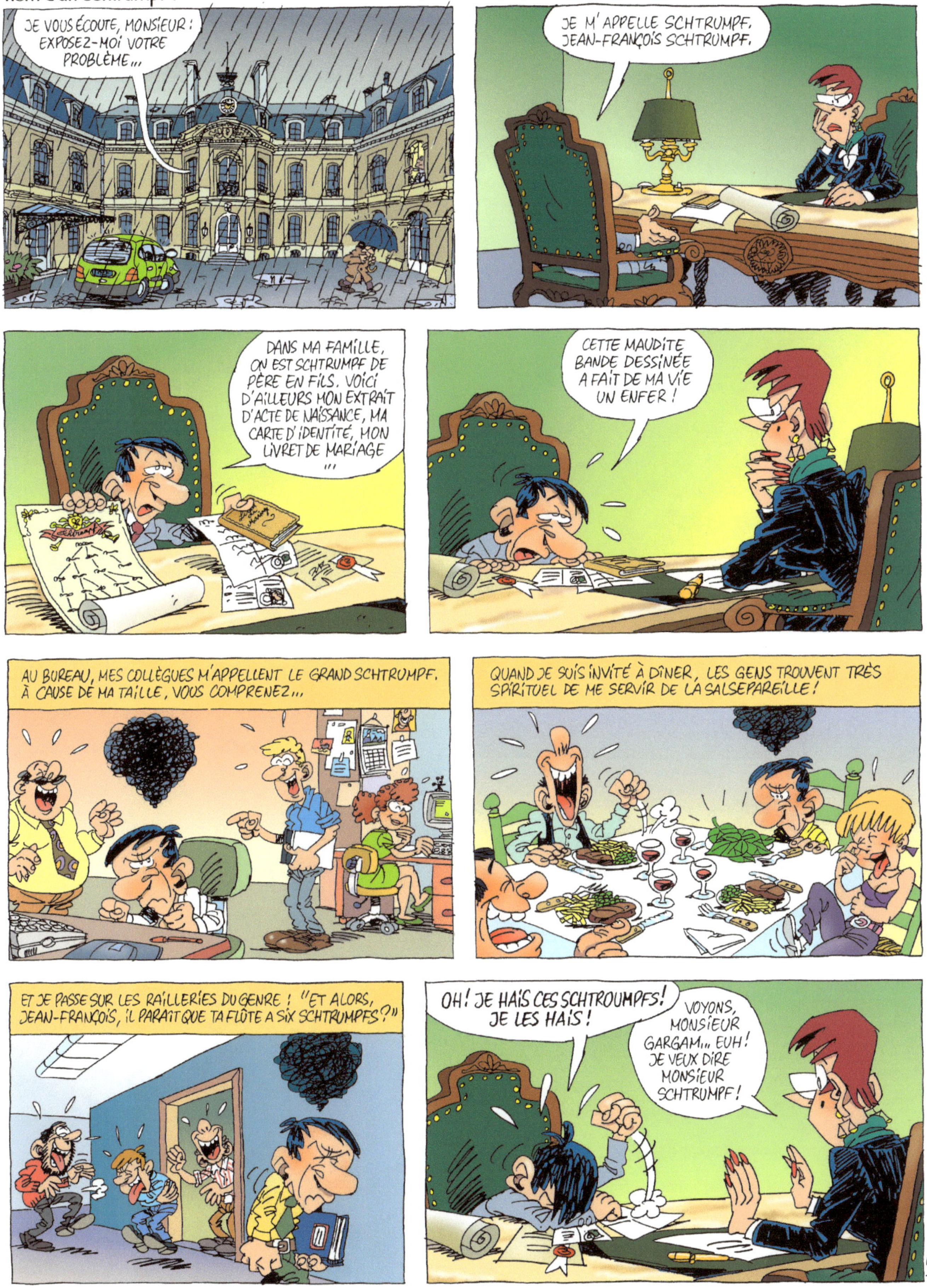
JE VOUS ÉCOUTE, MONSIEUR : EXPOSEZ-MOI VOTRE PROBLÈME...
JE M'APPELLE SCHTRUMPF. JEAN-FRANÇOIS SCHTRUMPF.
DANS MA FAMILLE, ON EST SCHTRUMPF DE PÈRE EN FILS. VOICI D'AILLEURS MON EXTRAIT D'ACTE DE NAISSANCE, MA CARTE D'IDENTITÉ, MON LIVRET DE MARIAGE ...
CETTE MAUDITE BANDE DESSINÉE A FAIT DE MA VIE UN ENFER !
AU BUREAU, MES COLLÈGUES M'APPELLENT LE GRAND SCHTRUMPF. À CAUSE DE MA TAILLE, VOUS COMPRENEZ...
QUAND JE SUIS INVITÉ À DÎNER, LES GENS TROUVENT TRÈS SPIRITUEL DE ME SERVIR DE LA SALSEPAREILLE !
ET JE PASSE SUR LES RAILLERIES DU GENRE : "ET ALORS, JEAN-FRANÇOIS, IL PARAIT QUE TA FLÛTE A SIX SCHTRUMPFS ?"
OH ! JE HAIS CES SCHTROUMPFS ! JE LES HAIS !
VOYONS, MONSIEUR GARGAM... EUH ! JE VEUX DIRE MONSIEUR SCHTRUMPF !
6
1

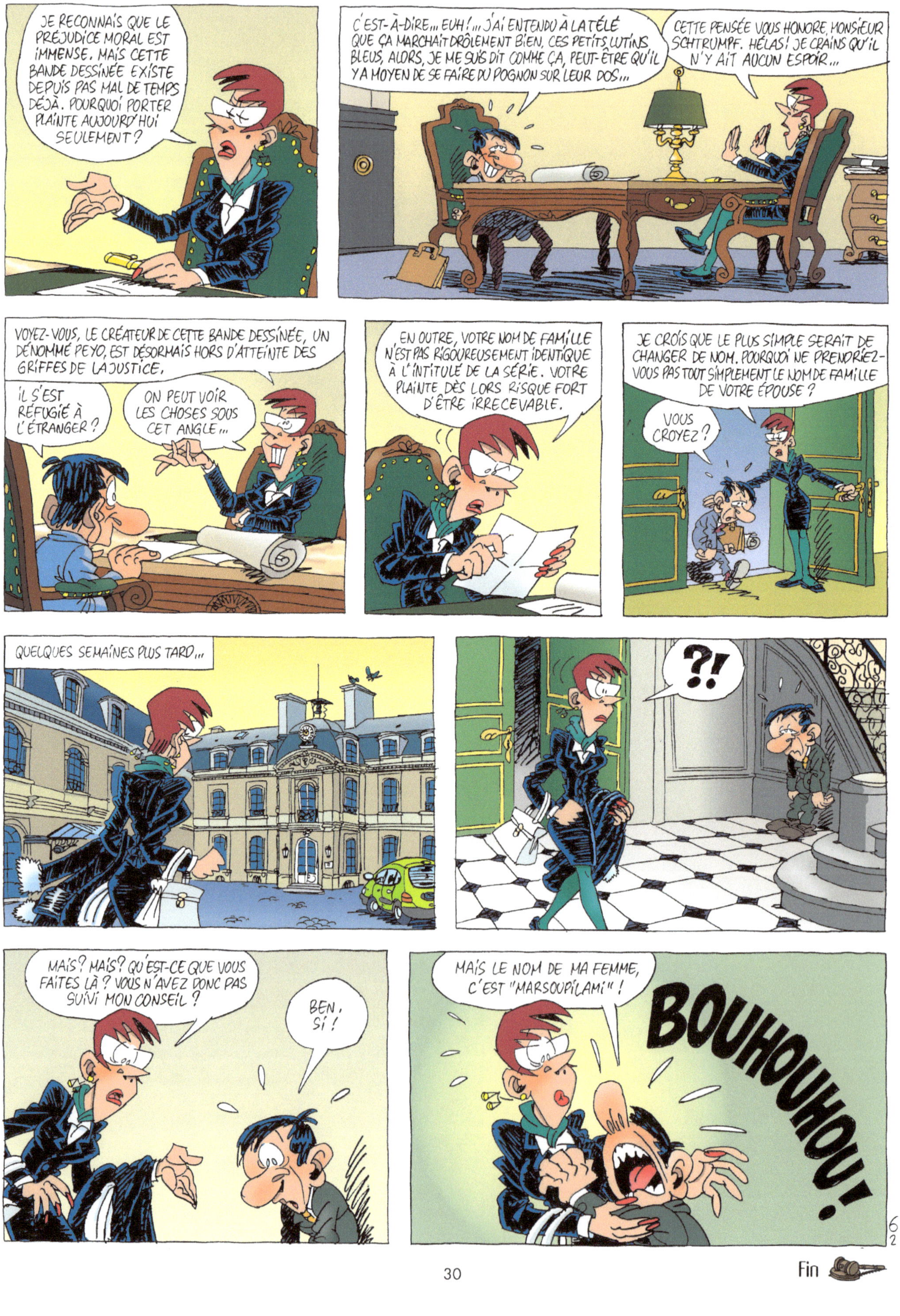
JE RECONNAIS QUE LE PRÉJUDICE MORAL EST IMMENSE. MAIS CETTE BANDE DESSINÉE EXISTE DEPUIS PAS MAL DE TEMPS DÉJÀ. POURQUOI PORTER PLAINTE AUJOURD'HUI SEULEMENT ?
C'EST-À-DIRE... EUH !... J'AI ENTENDU À LA TÉLÉ QUE ÇA MARCHAIT DRÔLEMENT BIEN, CES PETITS LUTINS BLEUS, ALORS, JE ME SUIS DIT COMME ÇA, PEUT-ÊTRE QU'IL Y A MOYEN DE SE FAIRE DU POGNON SUR LEUR DOS...
CETTE PENSÉE VOUS HONORE, MONSIEUR SCHTRUMPF. HÉLAS ! JE CRAINS QU'IL N'Y AIT AUCUN ESPOIR...
VOYEZ-VOUS, LE CRÉATEUR DE CETTE BANDE DESSINÉE, UN DÉNOMMÉ PEYO, EST DÉSORMAIS HORS D'ATTEINTE DES GRIFFES DE LA JUSTICE.
IL S'EST RÉFUGIÉ À L'ÉTRANGER ?
ON PEUT VOIR LES CHOSES SOUS CET ANGLE...
EN OUTRE, VOTRE NOM DE FAMILLE N'EST PAS RIGOUREUSEMENT IDENTIQUE À L'INTITULÉ DE LA SÉRIE. VOTRE PLAINTE DÈS LORS RISQUE FORT D'ÊTRE IRRECEVABLE.
JE CROIS QUE LE PLUS SIMPLE SERAIT DE CHANGER DE NOM. POURQUOI NE PRENDRIEZ-VOUS PAS TOUT SIMPLEMENT LE NOM DE FAMILLE DE VOTRE ÉPOUSE ?
VOUS CROYEZ ?
QUELQUES SEMAINES PLUS TARD...
?!
MAIS ? MAIS ? QU'EST-CE QUE VOUS FAITES LÀ ? VOUS N'AVEZ DONC PAS SUIVI MON CONSEIL ?
BEN, SI !
MAIS LE NOM DE MA FEMME, C'EST "MARSOUPILAMI" !
BOUHOUHOU !
62

Fin

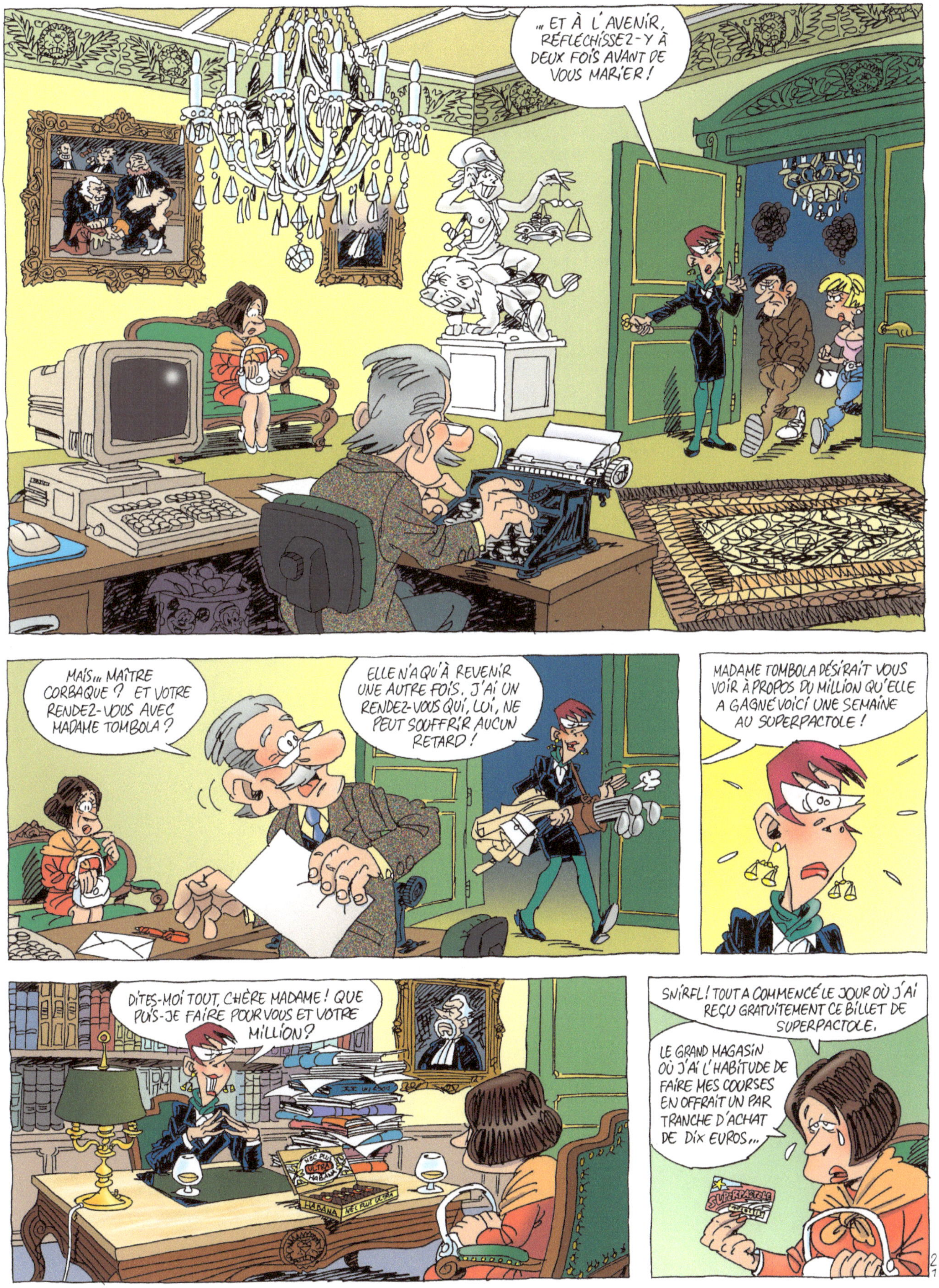
... ET À L'AVENIR, RÉFLÉCHISSEZ-Y À DEUX FOIS AVANT DE VOUS MARIER !
MAIS... MAÎTRE CORBAQUE ? ET VOTRE RENDEZ-VOUS AVEC MADAME TOMBOLA ?
ELLE N'A QU'À REVENIR UNE AUTRE FOIS. J'AI UN RENDEZ-VOUS QUI, LUI, NE PEUT SOUFFRIR AUCUN RETARD !
MADAME TOMBOLA DÉSIRAIT VOUS VOIR À PROPOS DU MILLION QU'ELLE A GAGNÉ VOICI UNE SEMAINE AU SUPERPACTOLE !
DITES-MOI TOUT, CHÈRE MADAME ! QUE PUIS-JE FAIRE POUR VOUS ET VOTRE MILLION ?
SNIRFL ! TOUT A COMMENCÉ LE JOUR OÙ J'AI REÇU GRATUITEMENT CE BILLET DE SUPERPACTOLE.
LE GRAND MAGASIN OÙ J'AI L'HABITUDE DE FAIRE MES COURSES EN OFFRAIT UN PAR TRANCHE D'ACHAT DE DIX EUROS...
SUPERPACTOLE

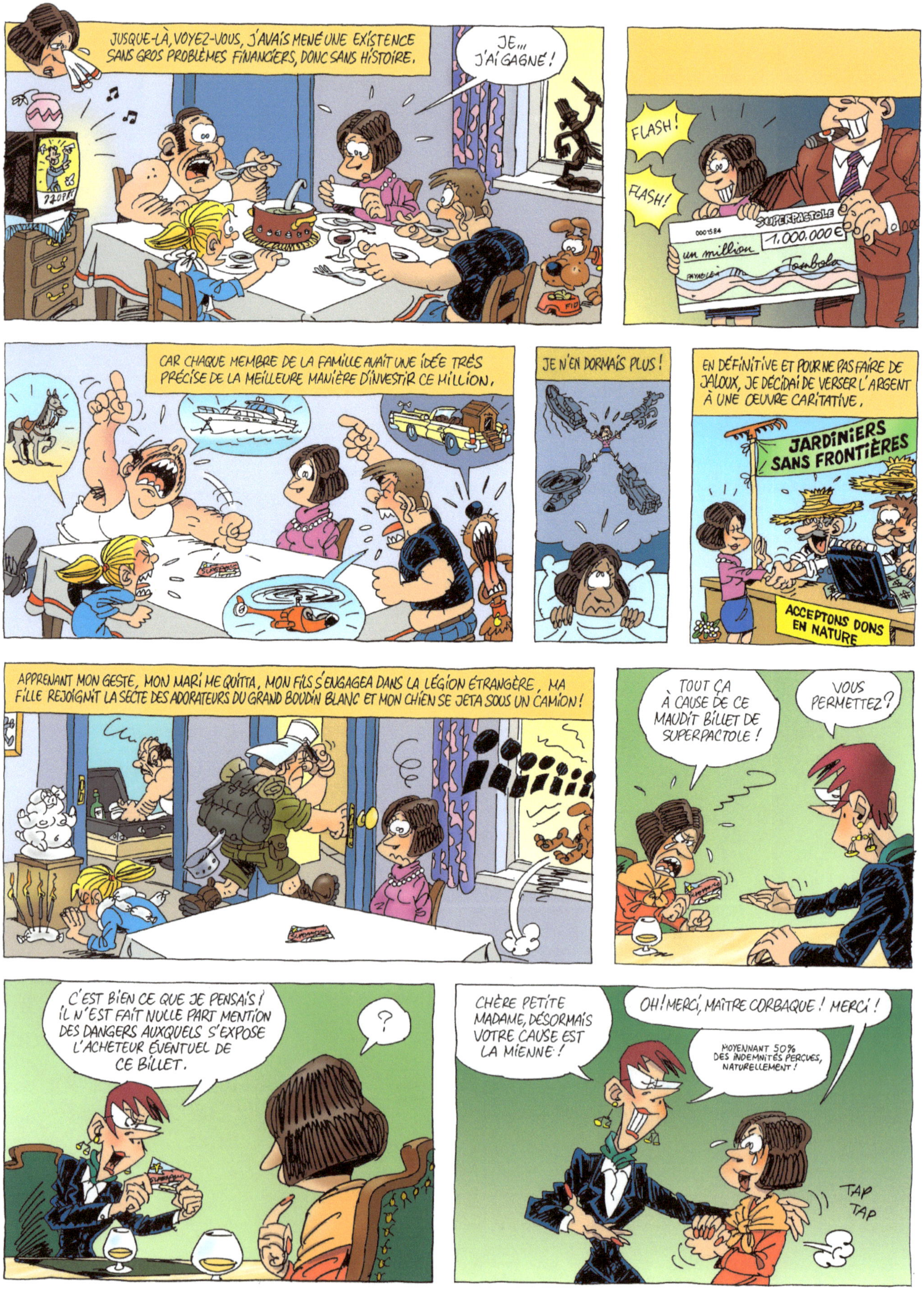

JUSQUE-LÀ, VOYEZ-VOUS, J'AVAIS MENÉ UNE EXISTENCE SANS GROS PROBLÈMES FINANCIERS, DONC SANS HISTOIRE.
JE... J'AI GAGNÉ !
FLASH !
FLASH !
SUPERPACTOLE
1.000.000 €
un million
Tombola
CAR CHAQUE MEMBRE DE LA FAMILLE AVAIT UNE IDÉE TRÈS PRÉCISE DE LA MEILLEURE MANIÈRE D'INVESTIR CE MILLION.
JE N'EN DORMAIS PLUS !
EN DÉFINITIVE ET POUR NE PAS FAIRE DE JALOUX, JE DÉCIDAI DE VERSER L'ARGENT À UNE ŒUVRE CARITATIVE.
JARDINIERS SANS FRONTIÈRES
ACCEPTONS DONS EN NATURE
APPRENANT MON GESTE, MON MARI ME QUITTA, MON FILS S'ENGAGEA DANS LA LÉGION ÉTRANGÈRE, MA FILLE REJOIGNIT LA SECTE DES ADORATEURS DU GRAND BOUDIN BLANC ET MON CHIEN SE JETA SOUS UN CAMION !
TOUT ÇA À CAUSE DE CE MAUDIT BILLET DE SUPERPACTOLE !
VOUS PERMETTEZ ?
C'EST BIEN CE QUE JE PENSAIS ! IL N'EST FAIT NULLE PART MENTION DES DANGERS AUXQUELS S'EXPOSE L'ACHETEUR ÉVENTUEL DE CE BILLET.
?
CHÈRE PETITE MADAME, DÉSORMAIS VOTRE CAUSE EST LA MIENNE !
OH ! MERCI, MAÎTRE CORBAQUE ! MERCI !
MOYENNANT 50% DES INDEMNITÉS PERÇUES, NATURELLEMENT !
TAP TAP

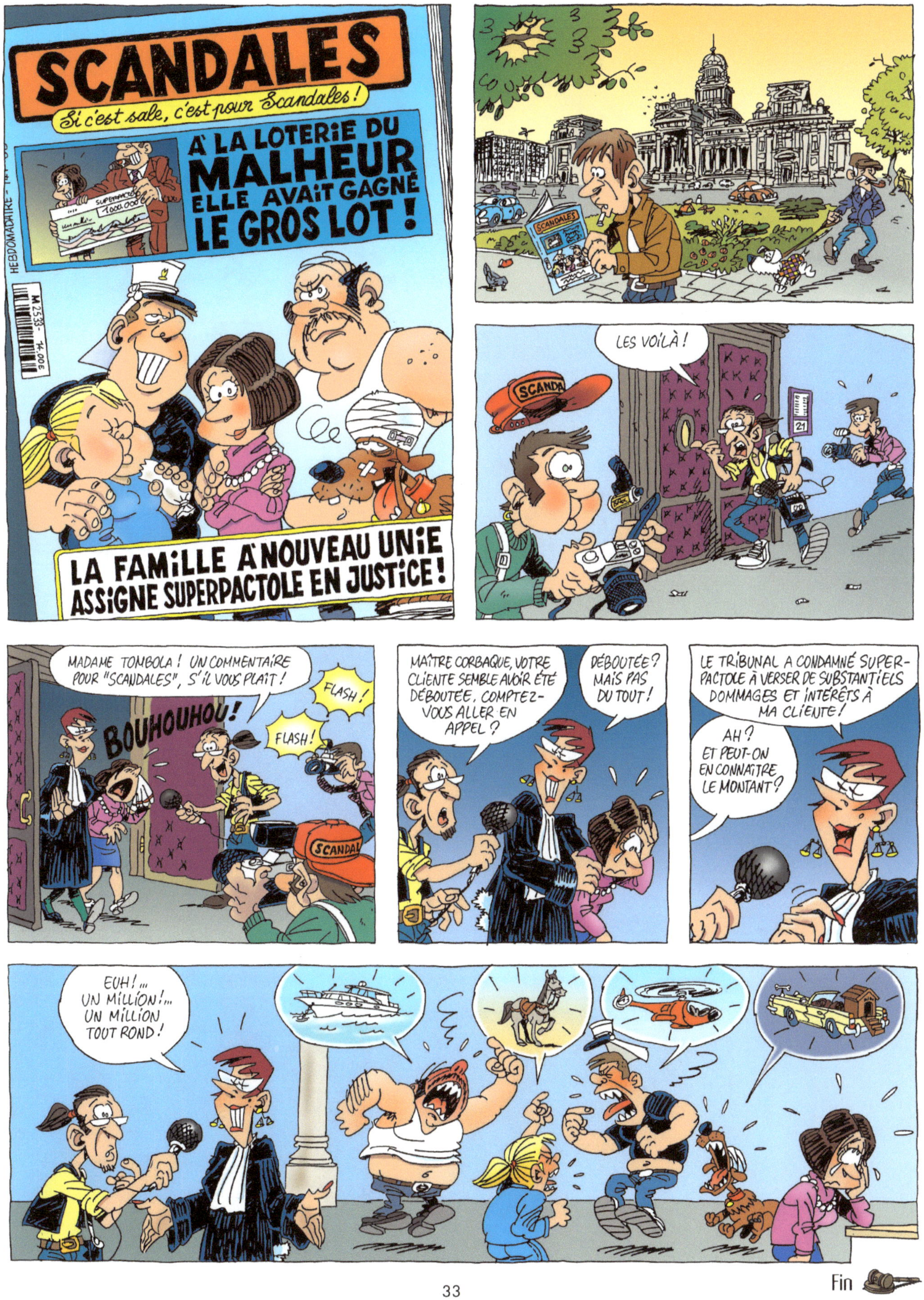
SCANDALES
Si c'est sale, c'est pour Scandales!
À LA LOTERIE DU MALHEUR ELLE AVAIT GAGNÉ LE GROS LOT !
LA FAMILLE À NOUVEAU UNIE ASSIGNE SUPERPACTOLE EN JUSTICE !
SCANDALES
LES VOILÀ !
SCANDA
21
MADAME TOMBOLA ! UN COMMENTAIRE POUR "SCANDALES", S'IL VOUS PLAÎT !
BOUHOUHOU !
FLASH !
FLASH !
SCANDAL
MAÎTRE CORBAQUE, VOTRE CLIENTE SEMBLE AVOIR ÉTÉ DÉBOUTÉE. COMPTEZ-VOUS ALLER EN APPEL ?
DÉBOUTÉE ? MAIS PAS DU TOUT !
LE TRIBUNAL A CONDAMNÉ SUPERPACTOLE À VERSER DE SUBSTANTIELS DOMMAGES ET INTÉRÊTS À MA CLIENTE !
AH ? ET PEUT-ON EN CONNAÎTRE LE MONTANT ?
EUH ! ... UN MILLION ! ... UN MILLION TOUT ROND !

Fin

Il était beau mon Légionnaire.

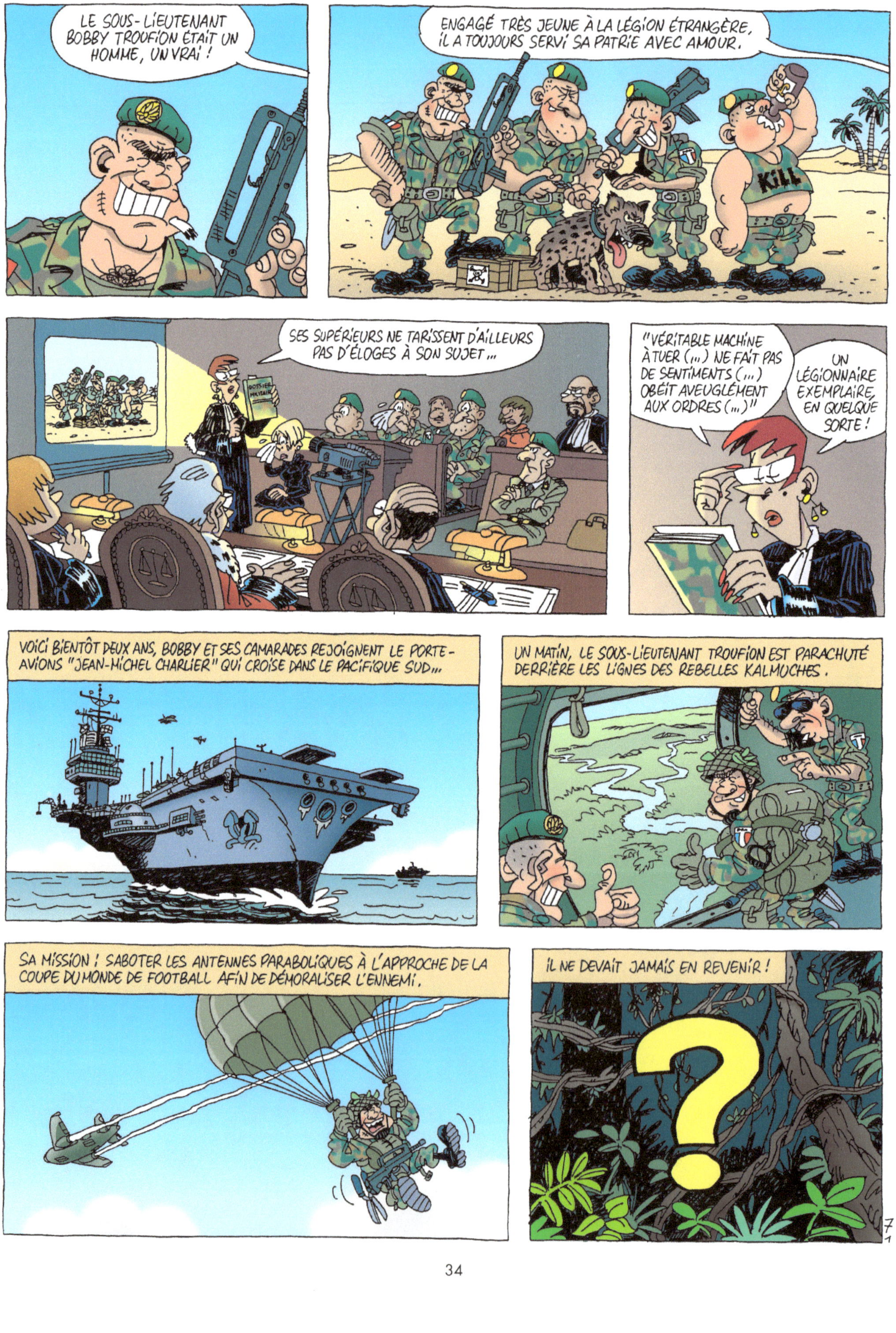

LE SOUS-LIEUTENANT BOBBY TROUFION ÉTAIT UN HOMME, UN VRAI !
ENGAGÉ TRÈS JEUNE À LA LÉGION ÉTRANGÈRE, IL A TOUJOURS SERVI SA PATRIE AVEC AMOUR.
KILL
SES SUPÉRIEURS NE TARISSENT D'AILLEURS PAS D'ÉLOGES À SON SUJET...
"VÉRITABLE MACHINE À TUER (...) NE FAIT PAS DE SENTIMENTS (...) OBÉIT AVEUGLÉMENT AUX ORDRES (...)"
UN LÉGIONNAIRE EXEMPLAIRE, EN QUELQUE SORTE !
VOICI BIENTÔT DEUX ANS, BOBBY ET SES CAMARADES REJOIGNENT LE PORTE-AVIONS "JEAN-MICHEL CHARLIER" QUI CROISE DANS LE PACIFIQUE SUD...
UN MATIN, LE SOUS-LIEUTENANT TROUFION EST PARACHUTÉ DERRIÈRE LES LIGNES DES REBELLES KALMOUCHES.
SA MISSION : SABOTER LES ANTENNES PARABOLIQUES À L'APPROCHE DE LA COUPE DU MONDE DE FOOTBALL AFIN DE DÉMORALISER L'ENNEMI.
IL NE DEVAIT JAMAIS EN REVENIR !
?

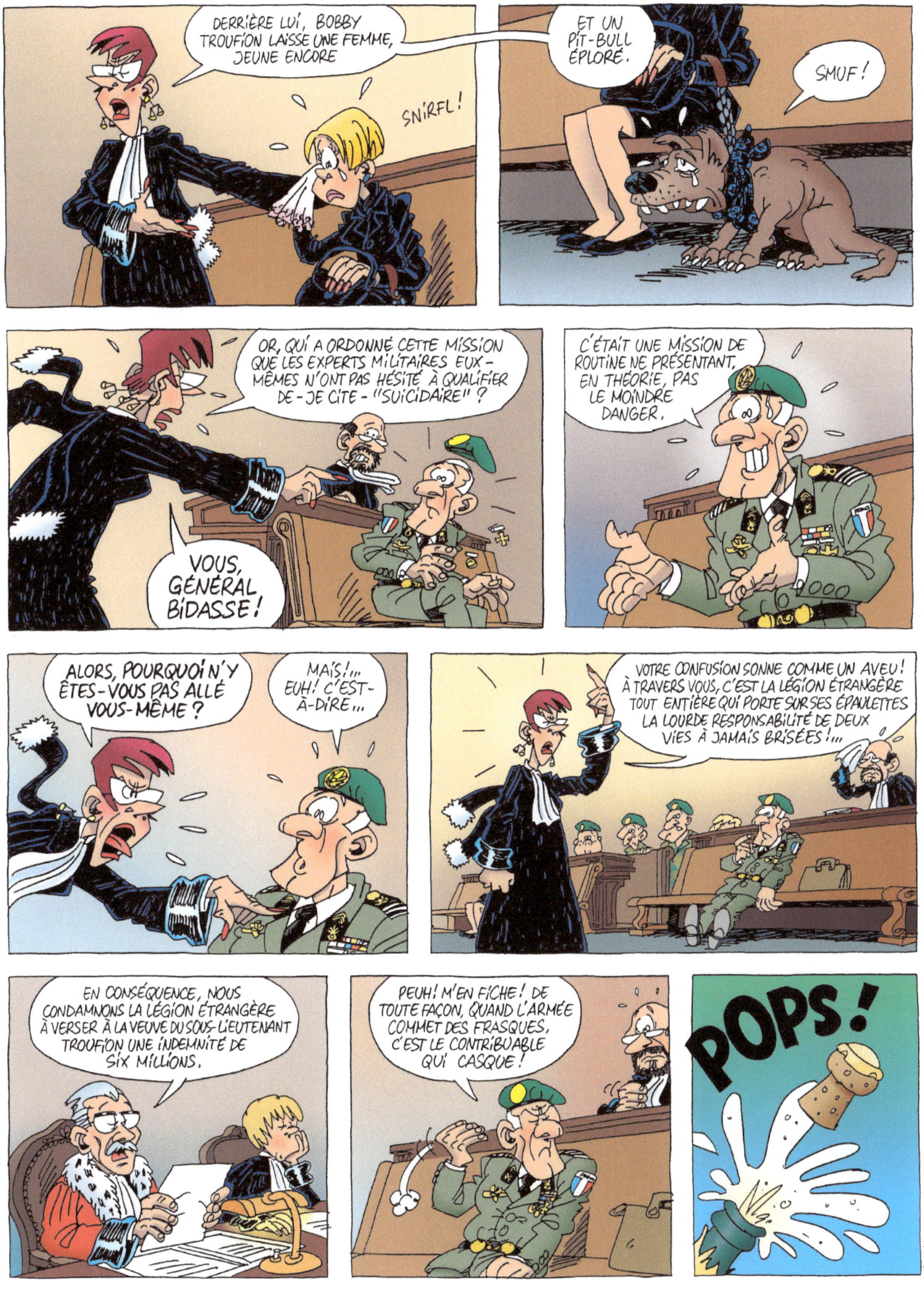
DERRIÈRE LUI, BOBBY TROUFION LAISSE UNE FEMME, JEUNE ENCORE
SNIRFL !
ET UN PIT-BULL ÉPLORÉ.
SMUF !
OR, QUI A ORDONNÉ CETTE MISSION QUE LES EXPERTS MILITAIRES EUX-MÊMES N'ONT PAS HÉSITÉ À QUALIFIER DE - JE CITE - "SUICIDAIRE" ?
VOUS, GÉNÉRAL BIDASSE !
C'ÉTAIT UNE MISSION DE ROUTINE NE PRÉSENTANT, EN THÉORIE, PAS LE MOINDRE DANGER.
ALORS, POURQUOI N'Y ÊTES-VOUS PAS ALLÉ VOUS-MÊME ?
MAIS !... EUH ! C'EST-À-DIRE...
VOTRE CONFUSION SONNE COMME UN AVEU ! À TRAVERS VOUS, C'EST LA LÉGION ÉTRANGÈRE TOUT ENTIÈRE QUI PORTE SUR SES ÉPAULETTES LA LOURDE RESPONSABILITÉ DE DEUX VIES À JAMAIS BRISÉES !...
EN CONSÉQUENCE, NOUS CONDAMNONS LA LÉGION ÉTRANGÈRE À VERSER À LA VEUVE DU SOUS-LIEUTENANT TROUFION UNE INDEMNITÉ DE SIX MILLIONS.
PEUH ! M'EN FICHE ! DE TOUTE FAÇON, QUAND L'ARMÉE COMMET DES FRASQUES, C'EST LE CONTRIBUABLE QUI CASQUE !
POPS !
7
2

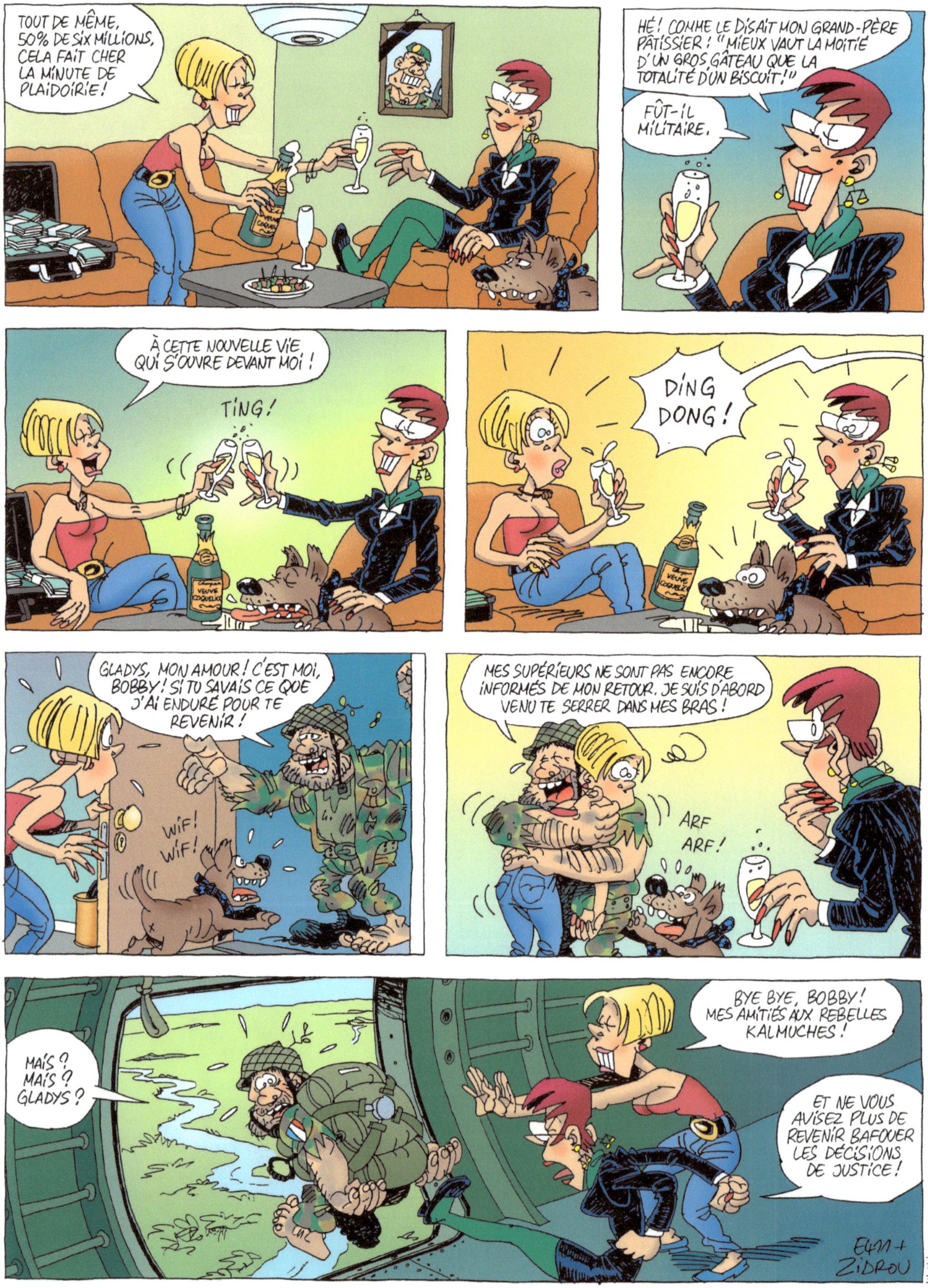
TOUT DE MÊME, 50% DE SIX MILLIONS, CELA FAIT CHER LA MINUTE DE PLAIDOIRIE !
HÉ ! COMME LE DISAIT MON GRAND-PÈRE PÂTISSIER ! "MIEUX VAUT LA MOITIÉ D'UN GROS GÂTEAU QUE LA TOTALITÉ D'UN BISCUIT !"
FÛT-IL MILITAIRE.
À CETTE NOUVELLE VIE QUI S'OUVRE DEVANT MOI !
TING !
DING DONG !
GLADYS, MON AMOUR ! C'EST MOI, BOBBY ! SI TU SAVAIS CE QUE J'AI ENDURÉ POUR TE REVENIR !
WIF ! WIF !
MES SUPÉRIEURS NE SONT PAS ENCORE INFORMÉS DE MON RETOUR. JE SUIS D'ABORD VENU TE SERRER DANS MES BRAS !
ARF ARF !
BYE BYE, BOBBY ! MES AMITIÉS AUX REBELLES KALMUCHES !
MAIS ? MAIS ? GLADYS ?
ET NE VOUS AVISEZ PLUS DE REVENIR BAFOUER LES DÉCISIONS DE JUSTICE !
EGM + ZIDROU
7
3

Fin

AVERTISSEMENT JUDICIEUX À LA DEMANDE DE MAÎTRE CORBAQUE, AVOCATE-CONSEIL

Pour avoir, dans les pages qui précèdent du présent album, donné de la plaignante une image dégradante, la dernière chambre du Tribunal de Super Insistance de Ripouille-sur-Lie, par jugement du 22 janvier 2011, a condamné LES ÉDITIONS SANDAWE à payer la somme de 4 000 000, 08 euros symbolique à titre de dommages et intérêts et à publier toute affaire cessante l'histoire complète «L'affaire petit Papa Noël», plus conforme à la véritable personnalité de notre éminente collègue dont l'intégrité et le désintéressement ne sont plus à démontrer.

L'affaire Petit Papa Noël

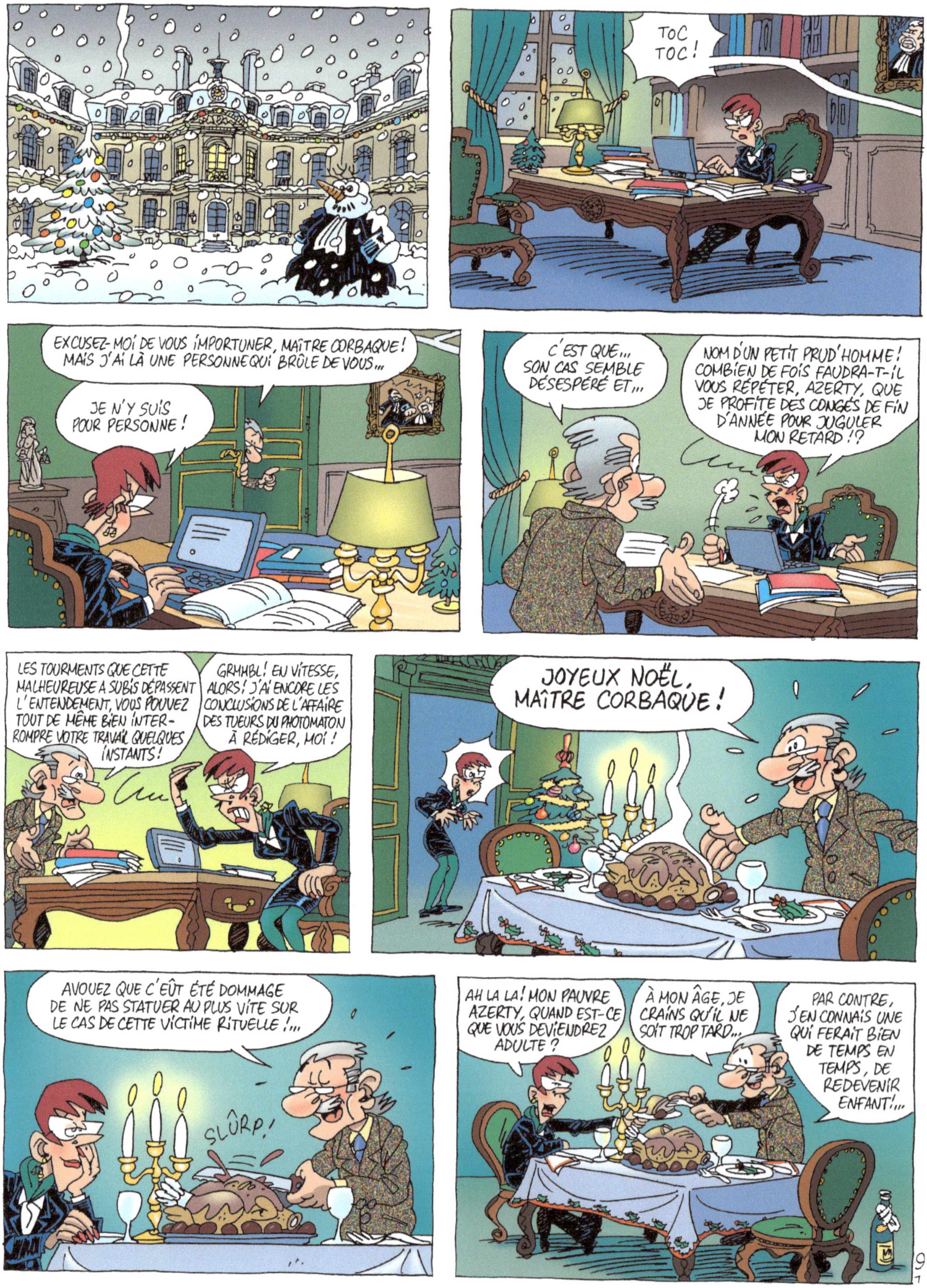
TOC TOC !
EXCUSEZ-MOI DE VOUS IMPORTUNER, MAÎTRE CORBAQUE ! MAIS J'AI LÀ UNE PERSONNE QUI BRÛLE DE VOUS...
JE N'Y SUIS POUR PERSONNE !
C'EST QUE... SON CAS SEMBLE DÉSESPÉRÉ ET...
NOM D'UN PETIT PRUD'HOMME ! COMBIEN DE FOIS FAUDRA-T-IL VOUS RÉPÉTER, AZERTY, QUE JE PROFITE DES CONGÉS DE FIN D'ANNÉE POUR JUGULER MON RETARD !?
LES TOURMENTS QUE CETTE MALHEUREUSE A SUBIS DÉPASSENT L'ENTENDEMENT, VOUS POUVEZ TOUT DE MÊME BIEN INTERROMPRE VOTRE TRAVAIL QUELQUES INSTANTS !
GRMMBL ! EN VITESSE, ALORS ! J'AI ENCORE LES CONCLUSIONS DE L'AFFAIRE DES TUEURS DU PHOTOMATON À RÉDIGER, MOI !
JOYEUX NOËL, MAÎTRE CORBAQUE !
AVOUEZ QUE C'EÛT ÉTÉ DOMMAGE DE NE PAS STATUER AU PLUS VITE SUR LE CAS DE CETTE VICTIME RITUELLE !...
SLÛRP !
AH LA LA ! MON PAUVRE AZERTY, QUAND EST-CE QUE VOUS DEVIENDREZ ADULTE ?
À MON ÂGE, JE CRAINS QU'IL NE SOIT TROP TARD...
PAR CONTRE, J'EN CONNAIS UNE QUI FERAIT BIEN DE TEMPS EN TEMPS, DE REDEVENIR ENFANT !...

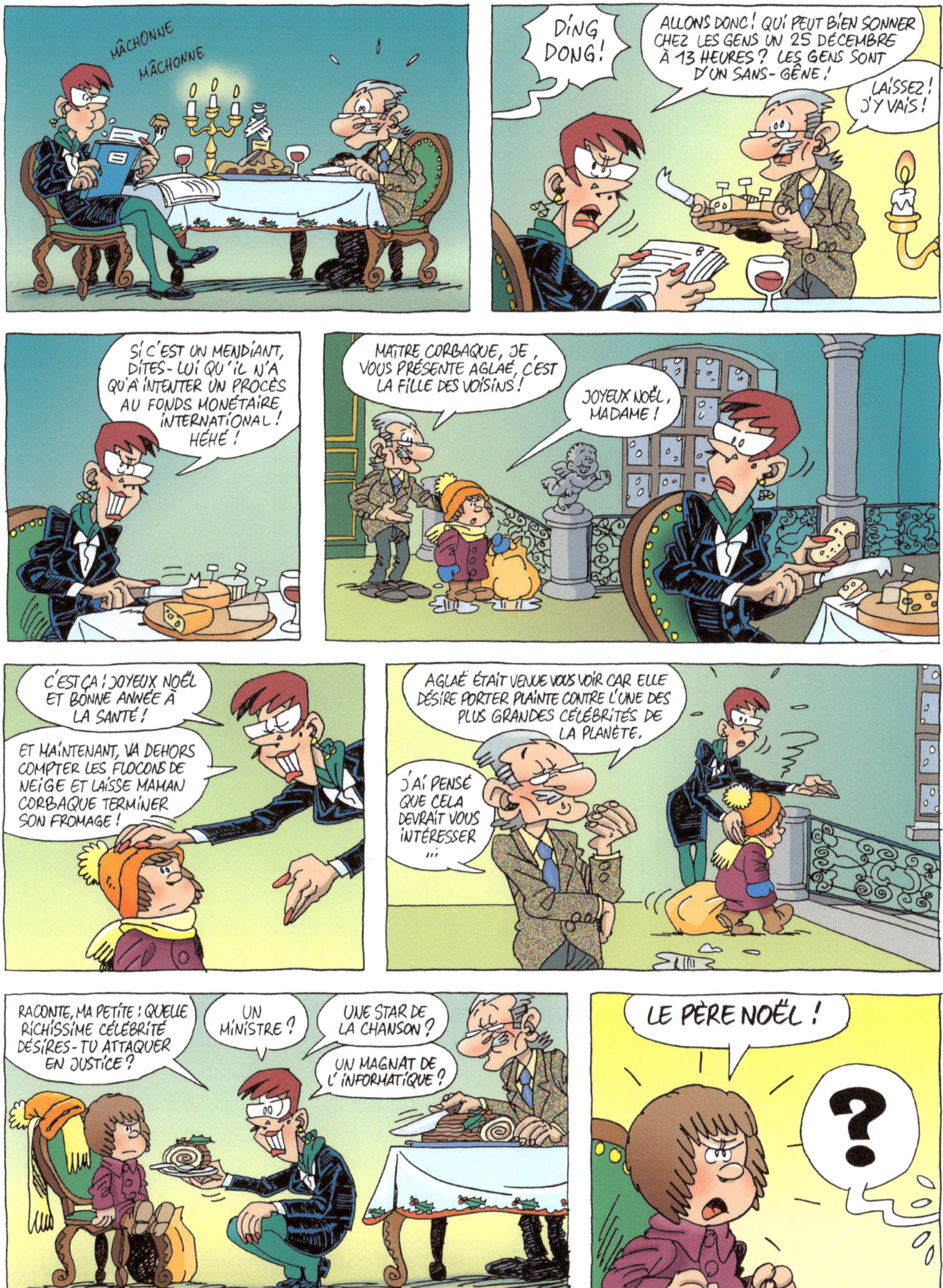
MÂCHONNE
MÂCHONNE
DING DONG !
ALLONS DONC ! QUI PEUT BIEN SONNER CHEZ LES GENS UN 25 DÉCEMBRE À 13 HEURES ? LES GENS SONT D'UN SANS-GÊNE !
LAISSEZ ! J'Y VAIS !
SI C'EST UN MENDIANT, DITES-LUI QU'IL N'A QU'À INTENTER UN PROCÈS AU FONDS MONÉTAIRE INTERNATIONAL ! HÉHÉ !
MAÎTRE CORBAQUE, JE VOUS PRÉSENTE AGLAÉ, C'EST LA FILLE DES VOISINS !
JOYEUX NOËL, MADAME !
C'EST ÇA ; JOYEUX NOËL ET BONNE ANNÉE À LA SANTÉ !
ET MAINTENANT, VA DEHORS COMPTER LES FLOCONS DE NEIGE ET LAISSE MAMAN CORBAQUE TERMINER SON FROMAGE !
AGLAÉ ÉTAIT VENUE VOUS VOIR CAR ELLE DÉSIRE PORTER PLAINTE CONTRE L'UNE DES PLUS GRANDES CÉLÉBRITÉS DE LA PLANÈTE.
J'AI PENSÉ QUE CELA DEVRAIT VOUS INTÉRESSER ...
RACONTE, MA PETITE ; QUELLE RICHISSIME CÉLÉBRITÉ DÉSIRES-TU ATTAQUER EN JUSTICE ?
UN MINISTRE ?
UNE STAR DE LA CHANSON ?
UN MAGNAT DE L'INFORMATIQUE ?
LE PÈRE NOËL !
?
92

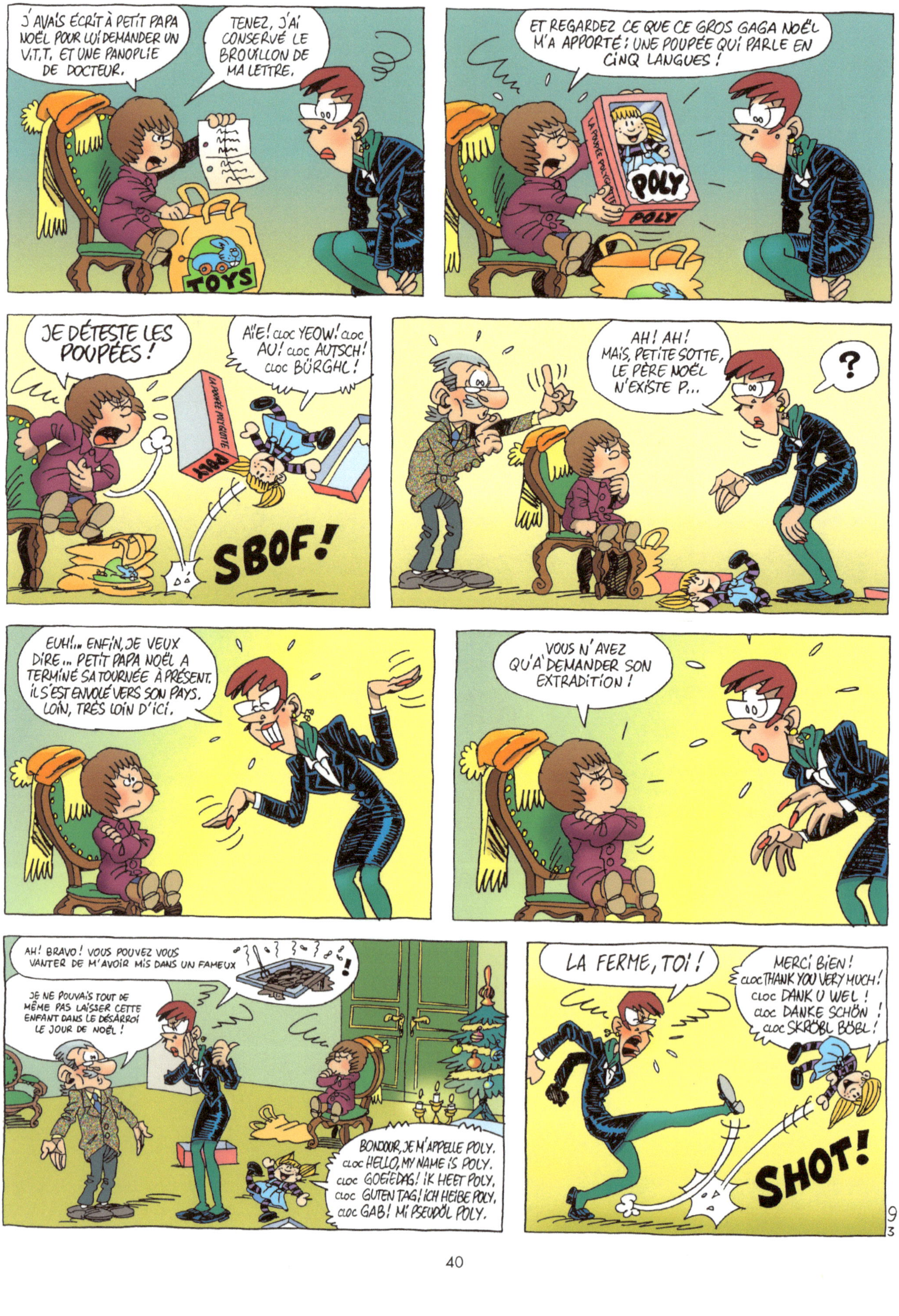
J'AVAIS ÉCRIT À PETIT PAPA NOËL POUR LUI DEMANDER UN V.T.T. ET UNE PANOPLIE DE DOCTEUR.
TENEZ, J'AI CONSERVÉ LE BROUILLON DE MA LETTRE.
TOYS
ET REGARDEZ CE QUE CE GROS GAGA NOËL M'A APPORTÉ : UNE POUPÉE QUI PARLE EN CINQ LANGUES !
POLY
POLY
JE DÉTESTE LES POUPÉES !
AÏE ! CLOC YEOW ! CLOC AU ! CLOC AUTSCH ! CLOC BÜRGHL !
POLY
SBOF !
AH ! AH ! MAIS, PETITE SOTTE, LE PÈRE NOËL N'EXISTE P...
?
EUH !... ENFIN, JE VEUX DIRE... PETIT PAPA NOËL A TERMINÉ SA TOURNÉE À PRÉSENT. IL S'EST ENVOLÉ VERS SON PAYS. LOIN, TRÈS LOIN D'ICI.
VOUS N'AVEZ QU'À DEMANDER SON EXTRADITION !
AH ! BRAVO ! VOUS POUVEZ VOUS VANTER DE M'AVOIR MIS DANS UN FAMEUX
JE NE POUVAIS TOUT DE MÊME PAS LAISSER CETTE ENFANT DANS LE DÉSARROI LE JOUR DE NOËL !
BONJOUR, JE M'APPELLE POLY. CLOC HELLO, MY NAME IS POLY. CLOC GOEIEDAG ! IK HEET POLY. CLOC GUTEN TAG ! ICH HEIßE POLY. CLOC GAB ! MI PSEUDÖL POLY.
LA FERME, TOI !
MERCI BIEN ! CLOC THANK YOU VERY MUCH ! CLOC DANK U WEL ! CLOC DANKE SCHÖN ! CLOC SKRÖBL BÖBL !
SHOT !
9
3

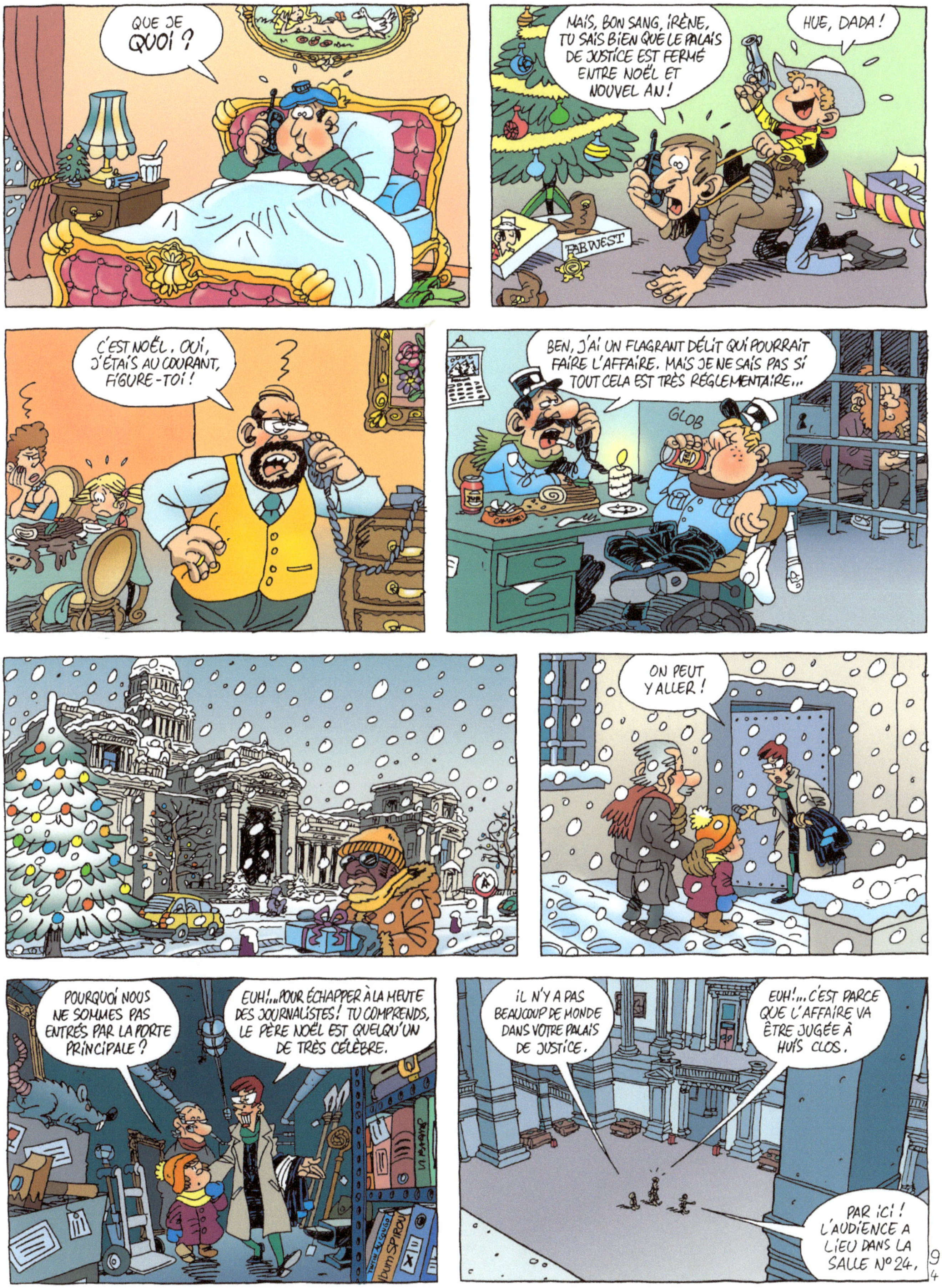
QUE JE QUOI ?
MAIS, BON SANG, IRÈNE, TU SAIS BIEN QUE LE PALAIS DE JUSTICE EST FERMÉ ENTRE NOËL ET NOUVEL AN !
HUE, DADA !
FAR WEST
C'EST NOËL. OUI, J'ÉTAIS AU COURANT, FIGURE-TOI !
BEN, J'AI UN FLAGRANT DÉLIT QUI POURRAIT FAIRE L'AFFAIRE. MAIS JE NE SAIS PAS SI TOUT CELA EST TRÈS RÉGLEMENTAIRE...
GLOB
ON PEUT Y ALLER !
POURQUOI NOUS NE SOMMES PAS ENTRÉS PAR LA PORTE PRINCIPALE ?
EUH !... POUR ÉCHAPPER À LA MEUTE DES JOURNALISTES ! TU COMPRENDS, LE PÈRE NOËL EST QUELQU'UN DE TRÈS CÉLÈBRE.
IL N'Y A PAS BEAUCOUP DE MONDE DANS VOTRE PALAIS DE JUSTICE.
EUH !... C'EST PARCE QUE L'AFFAIRE VA ÊTRE JUGÉE À HUIS CLOS.
PAR ICI ! L'AUDIENCE A LIEU DANS LA SALLE N° 24.

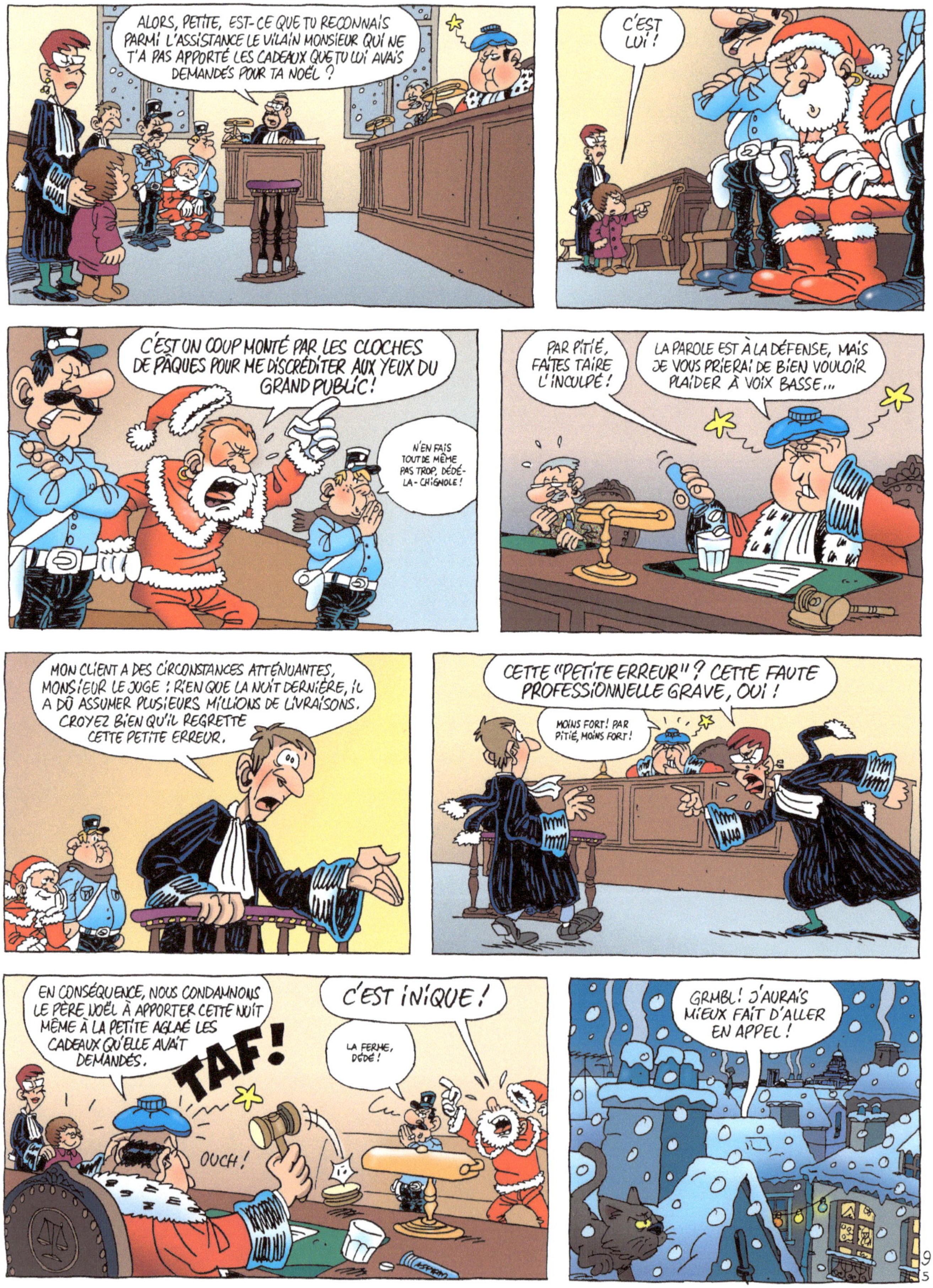
ALORS, PETITE, EST-CE QUE TU RECONNAIS PARMI L'ASSISTANCE LE VILAIN MONSIEUR QUI NE T'A PAS APPORTÉ LES CADEAUX QUE TU LUI AVAIS DEMANDÉS POUR TA NOËL ?
C'EST LUI !
C'EST UN COUP MONTÉ PAR LES CLOCHES DE PÂQUES POUR ME DISCRÉDITER AUX YEUX DU GRAND PUBLIC !
N'EN FAIS TOUT DE MÊME PAS TROP, DÉDÉ-LA-CHIGNOLE !
PAR PITIÉ, FAITES TAIRE L'INCULPÉ !
LA PAROLE EST À LA DÉFENSE, MAIS JE VOUS PRIERAI DE BIEN VOULOIR PLAIDER À VOIX BASSE...
MON CLIENT A DES CIRCONSTANCES ATTÉNUANTES, MONSIEUR LE JUGE ! RIEN QUE LA NUIT DERNIÈRE, IL A DÛ ASSUMER PLUSIEURS MILLIONS DE LIVRAISONS. CROYEZ BIEN QU'IL REGRETTE CETTE PETITE ERREUR.
CETTE "PETITE ERREUR" ? CETTE FAUTE PROFESSIONNELLE GRAVE, OUI !
MOINS FORT ! PAR PITIÉ, MOINS FORT !
EN CONSÉQUENCE, NOUS CONDAMNONS LE PÈRE NOËL À APPORTER CETTE NUIT MÊME À LA PETITE AGLAÉ LES CADEAUX QU'ELLE AVAIT DEMANDÉS.
TAF !
OUCH !
C'EST INIQUE !
LA FERME, DÉDÉ !
GRMBL ! J'AURAIS MIEUX FAIT D'ALLER EN APPEL !

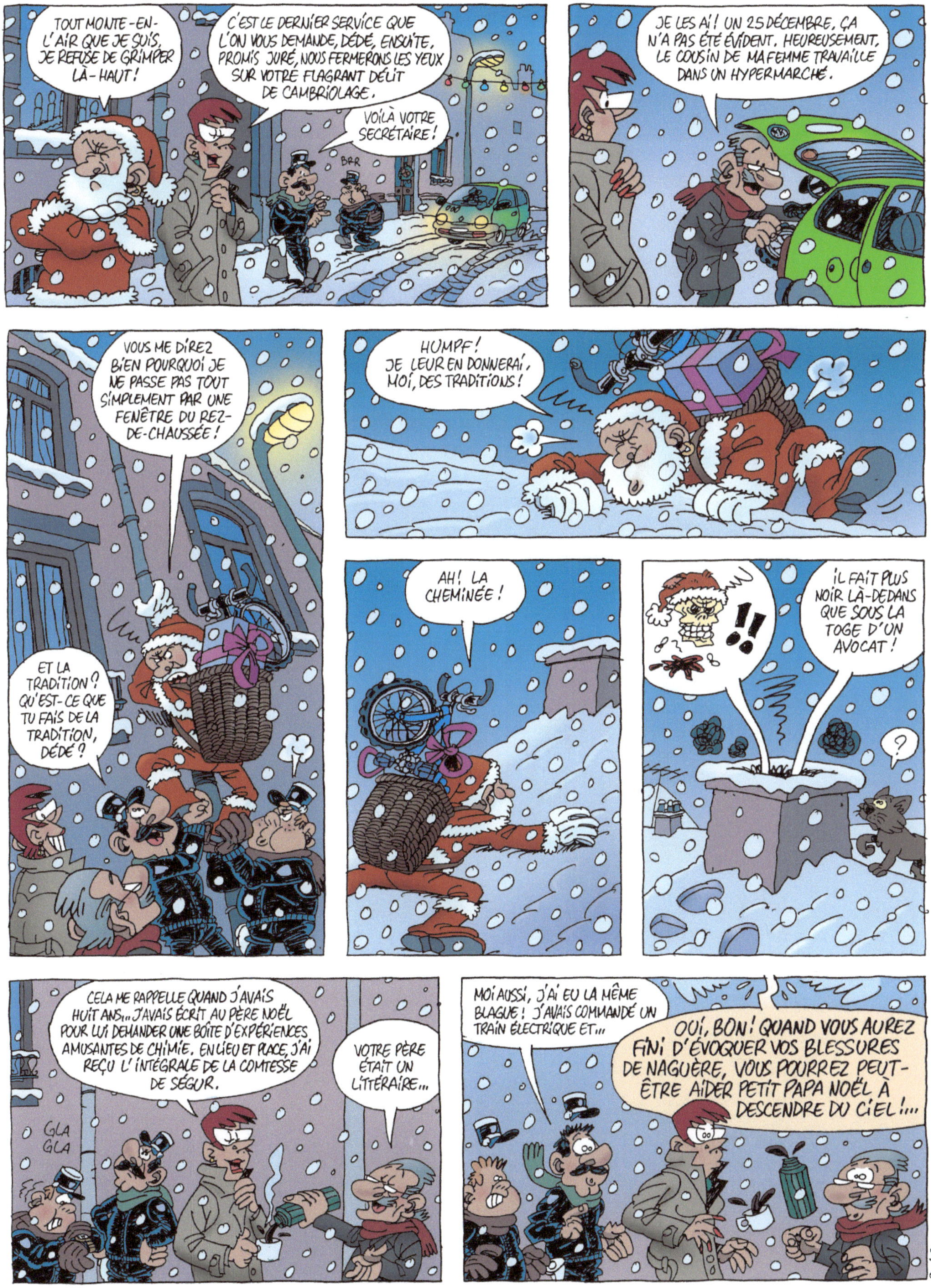
TOUT MONTE-EN-L'AIR QUE JE SUIS, JE REFUSE DE GRIMPER LÀ-HAUT !
C'EST LE DERNIER SERVICE QUE L'ON VOUS DEMANDE, DÉDÉ, ENSUITE, PROMIS JURÉ, NOUS FERMERONS LES YEUX SUR VOTRE FLAGRANT DÉLIT DE CAMBRIOLAGE.
VOILÀ VOTRE SECRÉTAIRE !
BRR
JE LES AI ! UN 25 DÉCEMBRE, ÇA N'A PAS ÉTÉ ÉVIDENT. HEUREUSEMENT, LE COUSIN DE MA FEMME TRAVAILLE DANS UN HYPERMARCHÉ.
VOUS ME DIREZ BIEN POURQUOI JE NE PASSE PAS TOUT SIMPLEMENT PAR UNE FENÊTRE DU REZ-DE-CHAUSSÉE !
ET LA TRADITION ? QU'EST-CE QUE TU FAIS DE LA TRADITION, DÉDÉ ?
HUMPF ! JE LEUR EN DONNERAI, MOI, DES TRADITIONS !
AH ! LA CHEMINÉE !
!!
IL FAIT PLUS NOIR LÀ-DEDANS QUE SOUS LA TOGE D'UN AVOCAT !
?
CELA ME RAPPELLE QUAND J'AVAIS HUIT ANS... J'AVAIS ÉCRIT AU PÈRE NOËL POUR LUI DEMANDER UNE BOÎTE D'EXPÉRIENCES AMUSANTES DE CHIMIE. EN LIEU ET PLACE, J'AI REÇU L'INTÉGRALE DE LA COMTESSE DE SÉGUR.
GLA GLA
VOTRE PÈRE ÉTAIT UN LITTÉRAIRE...
MOI AUSSI, J'AI EU LA MÊME BLAGUE ! J'AVAIS COMMANDÉ UN TRAIN ÉLECTRIQUE ET...
OUI, BON ! QUAND VOUS AUREZ FINI D'ÉVOQUER VOS BLESSURES DE NAGUÈRE, VOUS POURREZ PEUT-ÊTRE AIDER PETIT PAPA NOËL À DESCENDRE DU CIEL !...

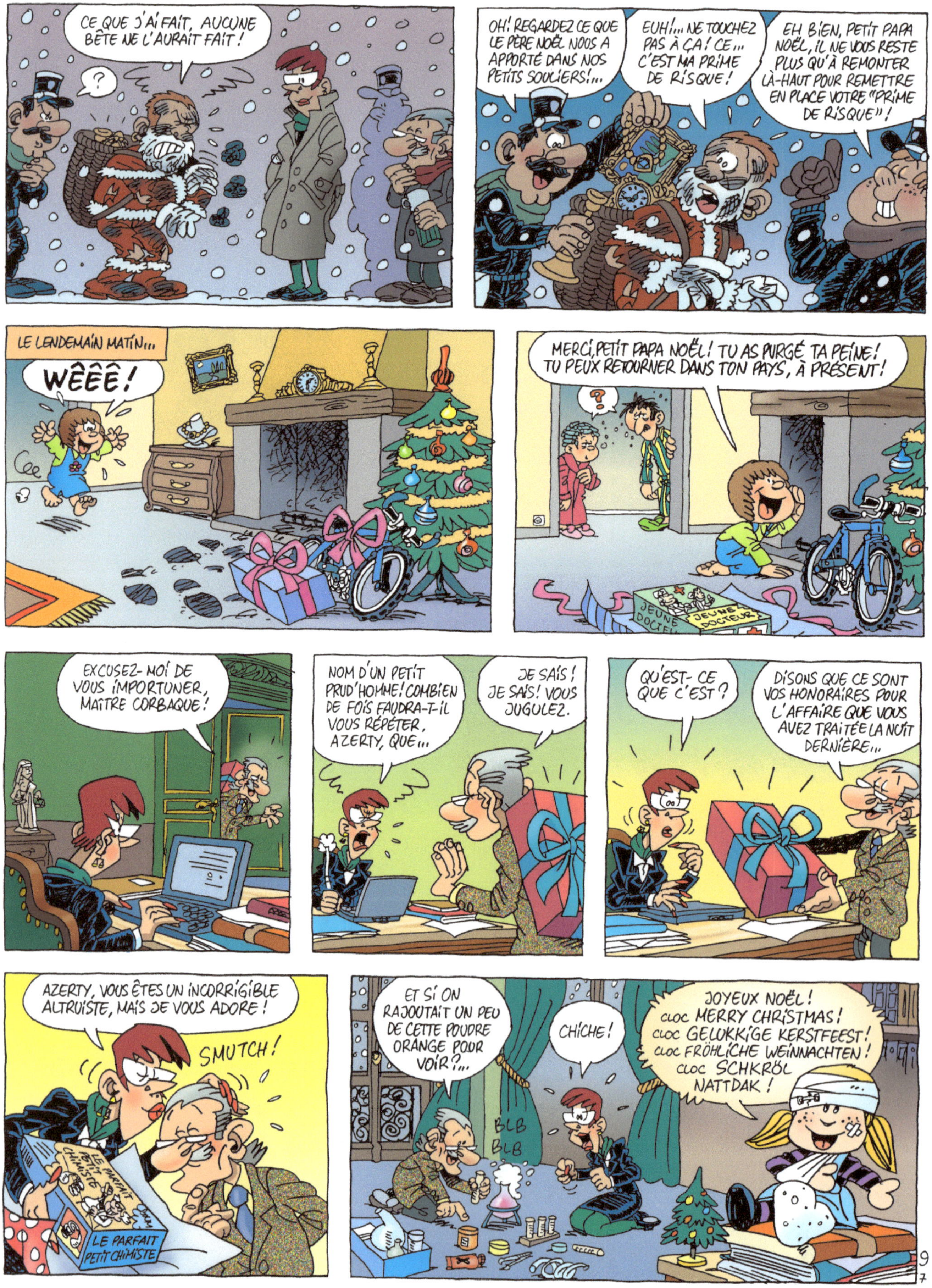
CE QUE J'AI FAIT, AUCUNE BÊTE NE L'AURAIT FAIT !
?
OH ! REGARDEZ CE QUE LE PÈRE NOËL NOUS A APPORTÉ DANS NOS PETITS SOULIERS !...
EUH !... NE TOUCHEZ PAS À ÇA ! CE... C'EST MA PRIME DE RISQUE !
EH BIEN, PETIT PAPA NOËL, IL NE VOUS RESTE PLUS QU'À REMONTER LÀ-HAUT POUR REMETTRE EN PLACE VOTRE "PRIME DE RISQUE" !
LE LENDEMAIN MATIN...
WÊÊÊ !
MERCI, PETIT PAPA NOËL ! TU AS PURGÉ TA PEINE ! TU PEUX RETOURNER DANS TON PAYS, À PRÉSENT !
?
JEUNE DOCTEUR
EXCUSEZ-MOI DE VOUS IMPORTUNER, MAÎTRE CORBAQUE !
NOM D'UN PETIT PRUD'HOMME ! COMBIEN DE FOIS FAUDRA-T-IL VOUS RÉPÉTER, AZERTY, QUE...
JE SAIS ! JE SAIS ! VOUS JUGULEZ.
QU'EST-CE QUE C'EST ?
DISONS QUE CE SONT VOS HONORAIRES POUR L'AFFAIRE QUE VOUS AVEZ TRAITÉE LA NUIT DERNIÈRE...
AZERTY, VOUS ÊTES UN INCORRIGIBLE ALTRUISTE, MAIS JE VOUS ADORE !
SMUTCH !
LE PARFAIT PETIT CHIMISTE
ET SI ON RAJOUTAIT UN PEU DE CETTE POUDRE ORANGE POUR VOIR ?...
CHICHE !
BLB BLB
JOYEUX NOËL !
CLOC MERRY CHRISTMAS !
CLOC GELUKKIGE KERSTFEEST !
CLOC FRÖHLICHE WEINNACHTEN !
CLOC SCHKRÖL NATTDAK !
97

Fin

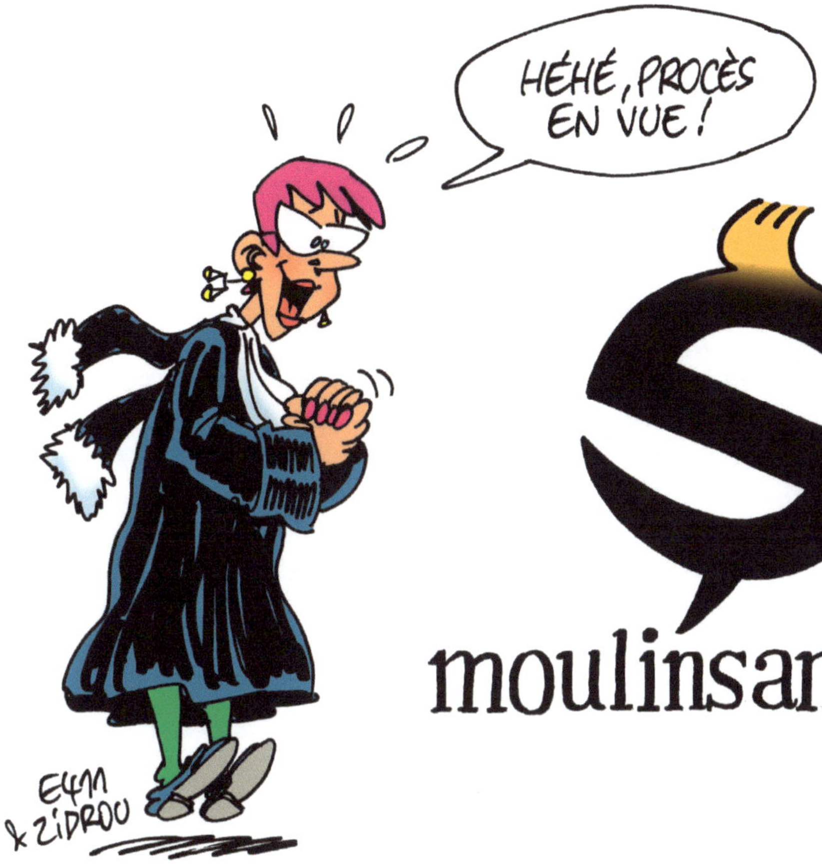
HÉHÉ, PROCÈS EN VUE !
E411 & ZIDROU

moulinsandawe

Des mêmes auteurs

E411

- *Edwin et les Twins* - scénario : Falzar – Éditions Vents d´Ouest
- *Eco l'écureuil* – Éditions Luc Pire
- *Max et Bouzouki* – scénario : Falzar – Éditions Averbode
- *Schumi* – scénario : Zidrou – Éditions Paquet
- Nombreuses bandes dessinées de communication pour Accor, Hewlett Packard, Laroche-Posay, etc...

Zidrou

- *Sac à puces* (co-scénarisé par Falzar) – dessin : De Brab – Éditions Dupuis
- *L'élève Ducobu* – dessin : Godi – Éditions du Lombard
- *Les Crannibales* – dessin : Fournier – Éditions Dupuis
- *Le Boss* – dessin : Bercovici – Éditions Dupuis
- *Choco* – dessin : De Brab – Éditions Casterman
- *Scott Zombi* – dessin : Gabrion – Éditions Casterman
- *Tamara* – dessin : Darasse – Éditions Dupuis
- *proTECTO* – dessin : Matteo – Éditions Dupuis
- *Le Flagada* – Dessin : Bercovici – Éditions Glénat
- *La vieille dame qui n'avait jamais joué au tennis et autres nouvelles qui font du bien* – divers dessinateurs – Éditions Dupuis
- *Rik spoutnik magazine* – dessin : Godi – Éditions du Lombard
- *Lydie* – dessin : Jordi Lafebre – Éditions Dargaud
- *Schumi* – dessin : E411 – Éditions Paquet

DES POTACHES À MAÎTRE CORBAQUE

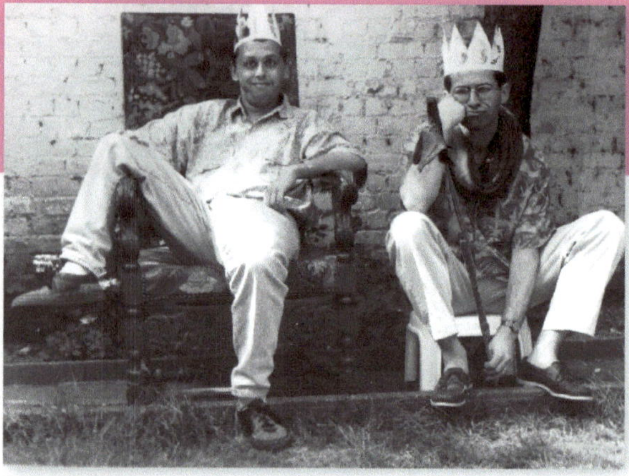

Leurs Majestés Zidrou (à gauche) et Falzar, posant dignement pour la postérité.

Nous sommes le 6 décembre 1990. St Nicolas, patron des enfants sages, et Père Fouettard, patron des fessées pour les autres, frappent à la porte du bureau du rédacteur en chef du journal «Spirou». Sous ces déguisements, Falzar et Zidrou, deux jeunes scénaristes, sont venus lui apporter une valise pleine de scénarios.

Ils se font appeler «Les Potaches». Un nom qui donne immédiatement le ton de l'atelier de scénario qu'ils ont constitué en duo. «On vivait à quelques maisons l'un de l'autre au pied du Beffroi de Mons et on aimait tous les deux la bande dessinée et les Cha-Cha. Il n'en fallait pas plus pour nous rapprocher», se souvient Zidrou.

Instituteur dans une vie précédente, celui-ci est alors secrétaire de rédaction dans les journaux pour enfants des très catholiques éditions Averbode. Il leur apporte un grain de folie dont ils ont bien besoin. Son comparse est coordinateur dans un centre pour jeunes dans le quartier populaire des «Marolles», fonction où, si l'on n'est pas déjà un peu fou avant de commencer, on le devient complètement ensuite. Un très bon entraînement pour le journal «Spirou».

«Spirou», pour eux, c'est le rêve, le Saint Graal, l'Eldorado. Ils sont prêts à tout pour y entrer. Au buldoozer s'il le faut. «A coucher, aussi, mais ça n'a pas été nécessaire», ajoute Zidrou. Ils sont aidés par une bonne dose de culot et une autre, plus impressionnante encore, d'idées. Un bon «mix» de départ, dirait tout bon Directeur du Marketing.

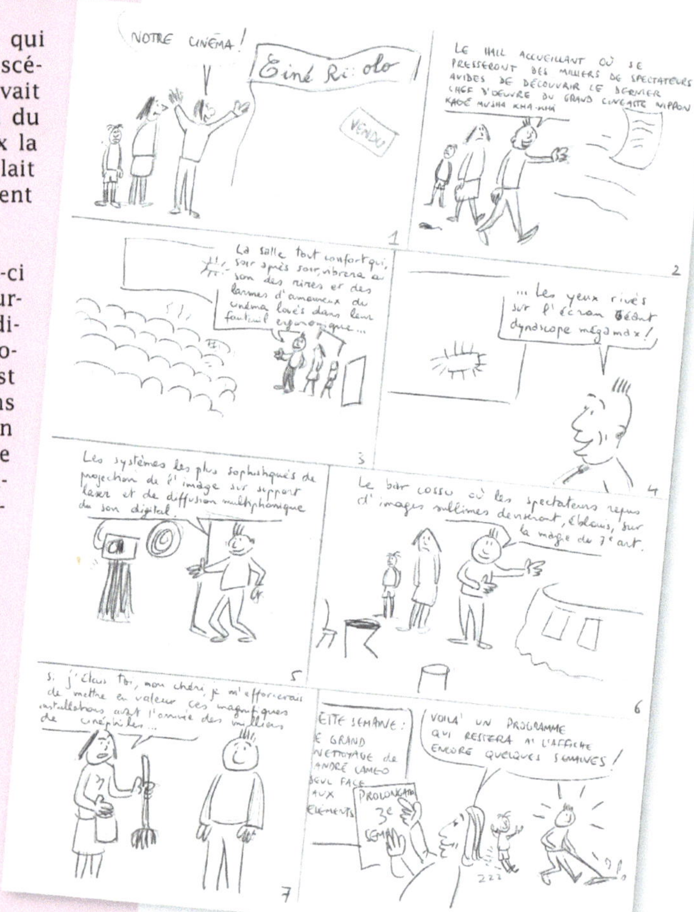

NOTRE CINÉMA !
Ciné Ri: olo
VENDU
LE HALL ACCUEILLANT OÙ SE PRESSERONT DES MILLIERS DE SPECTATEURS AVIDES DE DÉCOUVRIR LE DERNIER CHEF D'ŒUVRE DU GRAND CINÉASTE NIPPON
La salle tout confort qui, soir après soir, vibrera au son des rires et des larmes d'amoureux du cinéma lovés dans leur fauteuil ergonomique...
... Les yeux rivés sur l'écran géant dyndscope mégamax !
Les systèmes les plus sophistiqués de projection de l'image sur support laser et de diffusion multiphonique du son digital.
Le bar cossu où les spectateurs repus d'images sublimes devisent, éblouis, sur la magie du 7e art.
Si j'étais toi, mon chéri, je m'efforcerais de mettre en valeur ces magnifiques installations avant l'arrivée des millions de cinéphiles...
VOILÀ UN PROGRAMME QUI RESTERA À L'AFFICHE ENCORE QUELQUES SEMAINES !
PROLONGATION 3e
1
2
3
4
5
6
7
8.

SCÉNARIO DE CINÉ RIGOLO, PLANCHE 1

Falzar «C'est le découpage graphique du 1er gag de «Ciné Rigolo», l'un des projets de séries refusés par Patrick Pinchart… et partout ailleurs.»

Falzar : «Nous avons présenté plusieurs projets. «Illico colis», sur un thème que certains de nos confrères ont repris récemment — qu'est-ce qu'on était à l'avance, waw — ! Plus encore «Ciné Rigolo», une série à gags autour du... cinéma. Et encore «Cité Malabar», une série 100% Zidrou. Plus ce qui allait devenir «Johnny Têtard» et qui s'appelait à ce moment «le Boss». A nos yeux, c'était tip top.»

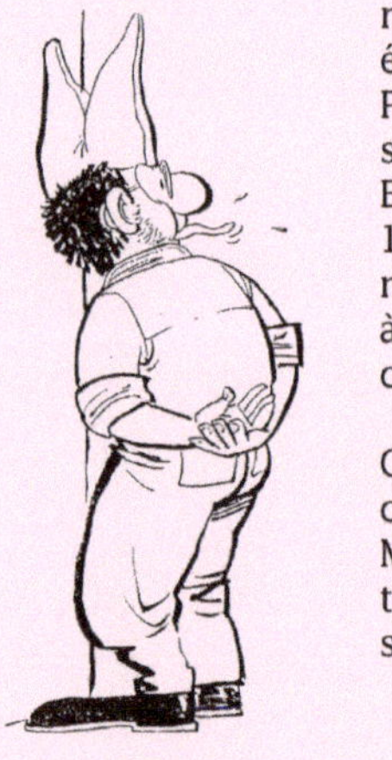

Ce n'est pas l'avis du rédacteur en chef. Rien ne sera pris ce jour-là. Mais ils ont un pied dans la rédaction de «Spirou». C'est déjà ça. Et ils sont tenaces !

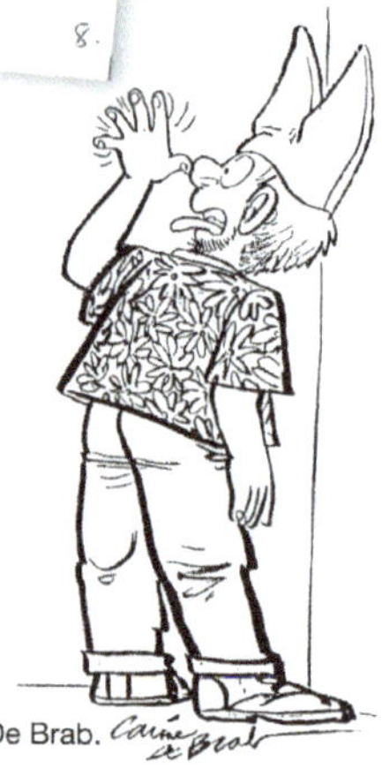

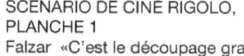

Caricatures de Falzar et Zidrou, par De Brab.

Ce dossier fait partie de la version "collector", non commercialisée, de la première édition de "Que Justice soit (mal) faite !"

LA REVANCHE DES POTACHES

Depuis 1987, l'hebdo est devenu «Magaziiiine» et il a besoin, chaque semaine, de dessins pour ses rubriques et, régulièrement, de gags et de récits complets pour les numéros à thèmes. Ils comptent bien en profiter. C'est dans le «Spécial Noël» 1991 qu'ils publieront leur première histoire, dessinée par Carine De Brabanter, «La triste fin du Père Noël».

LA SEMAINE PROCHAINE
UN SPÉCIAL "DÉDICACES" qui laissera des traces !
BIEN AMICALEMENT
E411 + ZIDROU

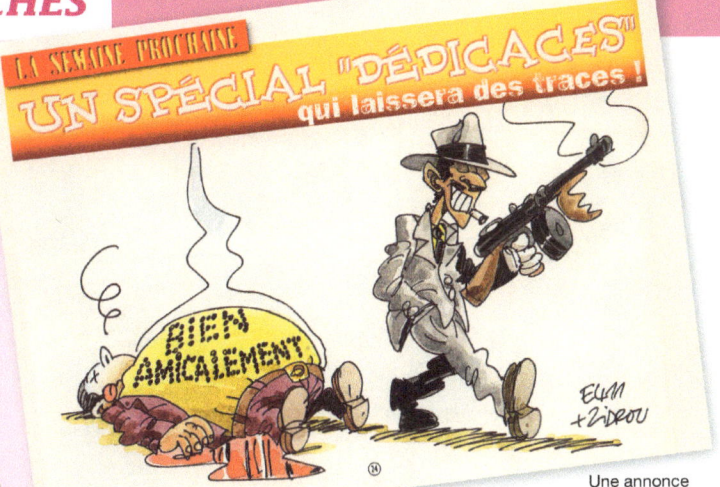

Une annonce du numéro de la semaine suivante, scénarisée par Zidrou et dessinée par E411. «Très corbaquien, le maffioso», commente ce dernier.

Entretemps, les Potaches continuent à proposer projets, jeux et animations à la rédaction. Zidrou ira jusqu'à scénariser ET dessiner 150 pages d'un jeu humoristique simplissime mais hilarant, «Qui va là ?»

C'est avec l'arrivée d'un nouveau rédacteur en chef, Thierry Tinlot, en 1993, que leur folie va pouvoir réellement s'exprimer. Il s'est imposé d'apporter, chaque semaine, une réponse originale à la question : «qu'est-ce qu'on va bien pouvoir trouver comme idée pour surprendre les lecteurs ?» Et, ça tombe bien, des idées, les Potaches en ont à la pelle.

Ils vont ainsi organiser ou participer à des opérations aussi folles que la grève des coloristes du journal (résultant en un numéro partiellement en noir et blanc), la «Malédiction de la page 13» (après trop d'incidents sur cette page, le journal se décida à supprimer définitivement sa numérotation), le rachat des Éditions Dupuis par le scénariste Raoul Cauvin[1], et autres audaces rédactionnelles que seul peut se permettre le journal de Gaston Lagaffe.

En parallèle, ils se rodent en tant que scénaristes professionnels et parviennent enfin à placer des séries, soit en solo, soit en duo. Ensemble, ils vont cosigner «Johnny Têtard» (Blatte) et «Sac à Puces» (De Brab). Falzar écrira nombre de gags et récits complets pour divers auteurs puis «Zozoland» (Blatte), «Edwin et les Twins» (E411), «Mon papa est un gangster» (Marsaudon). Zidrou se spécialisera d'abord dans l'humour avec «Suivez le Guide» (Godi), «Les Crannibales» (Fournier), «Le Boss» (Bercovici), «L'élève Ducobu» (Godi), «Maître Corbaque» (E411)..., avant d'ajouter à sa palette de scénariste des récits plus adultes puis le grand écran avec l'adaptation au cinéma de «L'élève Ducobu».

[1] *Scénariste prolifique et talentueux des «Tuniques Bleues», de «Cédric», de «Pierre Tombal», de «L'Agent 212», des «Femmes en Blanc», des «Psy», entre autres (nombreuses) séries à succès.*

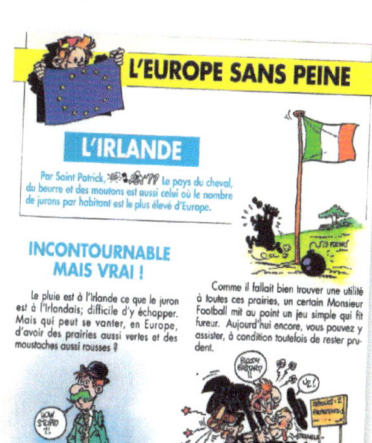

Falzar : «La véritable 1ère commande de «Spirou» aux «Potaches», une rubrique «l'Europe sans peine» publiée l'été 92. Au dessin : Mauricet.»

L'EUROPE SANS PEINE

L'IRLANDE

Par Saint Patrick, ...!? Le pays du cheval, du beurre et des moutons est aussi celui où le nombre de jurons par habitant est le plus élevé d'Europe.

INCONTOURNABLE MAIS VRAI !

Le pluie est à l'Irlande ce que le juron est à l'Irlandais; difficile d'y échapper. Mais qui peut se vanter, en Europe, d'avoir des prairies aussi vertes et des moustaches aussi rousses ?

Comme il fallait bien trouver une utilité à toutes ces prairies, un certain Monsieur Football mit au point un jeu simple qui fit fureur. Aujourd'hui encore, vous pouvez y assister, à condition toutefois de rester prudent.

Animal polyvalent par excellence, le cheval irlandais est mis à toutes les sauces: moyen de transport, pour faire joli dans le paysage ou comme steak (à la menthe).

La gastronomie irlandaise n'a rien à envier à celle de son grand frère britannique : on y retrouve les mêmes subtilités avec une prédilection pour la bière rousse, qui a définitivement remplacé l'eau dans le cœur des Irlandais. Et on les comprend, à force d'en recevoir des litres sur la tête.

LA LANGUE DE U2 (PRONONCEZ U DEU) SANS PEINE

Quelque rudiments de gaélique, ce vieux dialecte irlandais, peuvent favoriser une conversation avec l'indigène, généralement farouche, mais brave.

- "Comment allez-vous, mon brave ?" : !?
- "Et vous-même ?" : ?
- "Le temps est à la pluie, n'est-il pas ?" : ?!?
- "Oui, il vaut mieux rentrer les moutons ..." : ?

LA BÊTE DU SCÉNARIO VA-T-ELLE ENCORE FRAPPER?
L'AVOCAT DE RAOUL CAUVIN A FORMELLEMENT DÉMENTI LES RUMEURS SELON LESQUELLES LE CÉLÈBRE SCÉNARISTE TRAVAILLERAIT ACTUELLEMENT SUR SIX NOUVELLES SÉRIES.
C'EST EXACT, CES ACCUSATIONS SONT UNE INSULTE POUR MON CLIENT!
"SIX NOUVELLES SÉRIES"! J'AI L'AIR DE QUOI ?! TRENTE-SIX, OUI!
PEUH!
E+Z

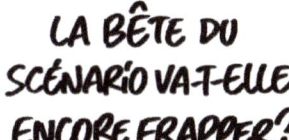

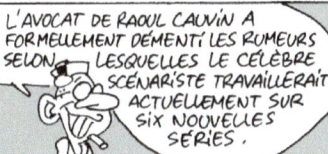

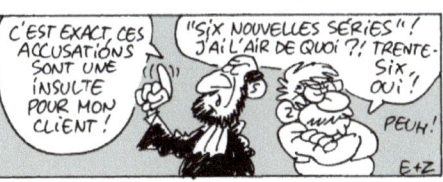

Haut de page du journal «Spirou».
Les rédacteurs en chef adoraient proposer à leurs jeunes auteurs de se moquer des plus anciens par des dessins en haut de page. E411 et Zidrou n'allaient bien évidemment pas se gêner !

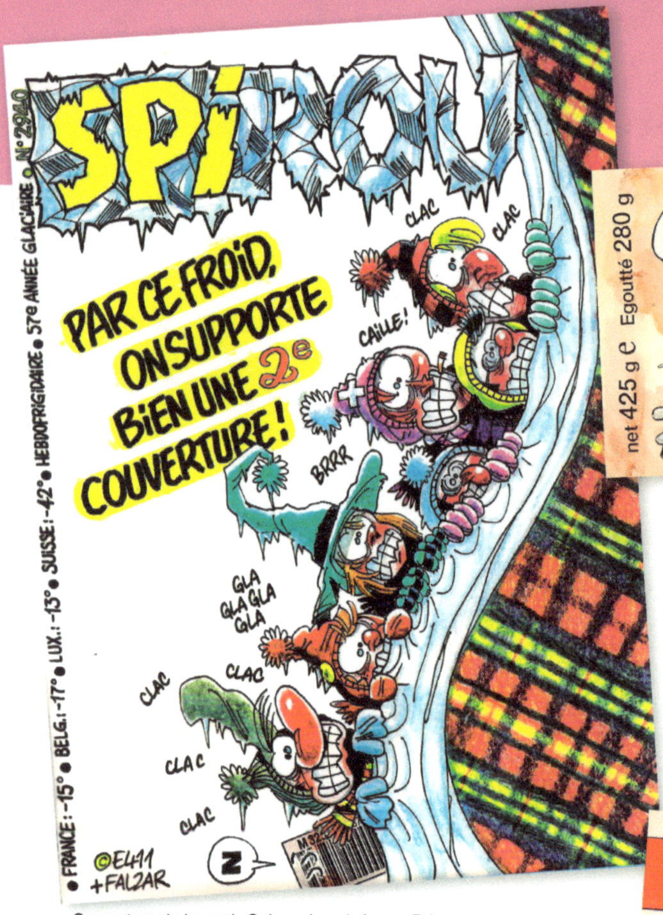
SPIROU
FRANCE : -15° • BELG. : -17° • LUX. : -13° • SUISSE : -42° • HEBDOFRIGIDAIRE • 57e ANNÉE GLACIAIRE
PAR CE FROID, ON SUPPORTE BIEN UNE 2e COUVERTURE !
CLAC
CLAC
CAILLE !
BRRR
GLA GLA GLA GLA
CLAC
CLAC
CLAC
CLAC
CLAC
©E411 +FALZAR

Couverture du journal «Spirou» imaginée par Falzar et dessinée par E411, à l'occasion d'un «spécial froid»… publié en plein été !

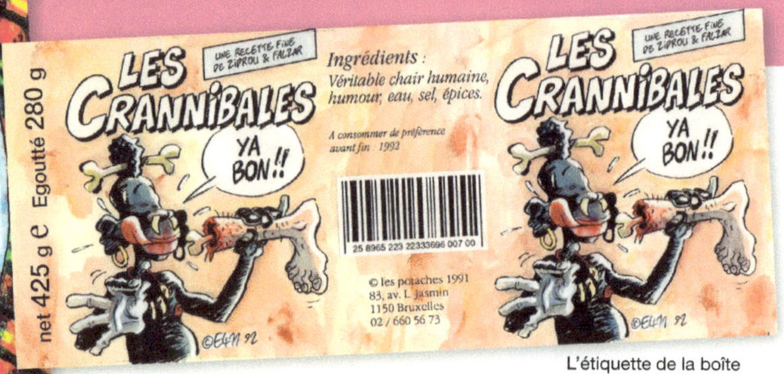
LES CRANNIBALES
UNE RECETTE FINE DE ZIDROU & FALZAR
YA BON !!
net 425 g e Egoutté 280 g
Ingrédients :
Véritable chair humaine, humour, eau, sel, épices.
A consommer de préférence avant fin 1992
© les potaches 1991
83, av. L. Jasmin
1150 Bruxelles
02 / 660 56 73
©E411 92
LES CRANNIBALES
UNE RECETTE FINE DE ZIDROU & FALZAR
YA BON !!
©E411 92

L'étiquette de la boîte de conserve de chair humaine qui accompagnait le dossier de présentation des «Crannibales» proposé à Patrick Pinchart.

Une planche d'animation des Potaches et E411, issue d'un récit de deux pages. Le ton «potache» est effectivement respecté…

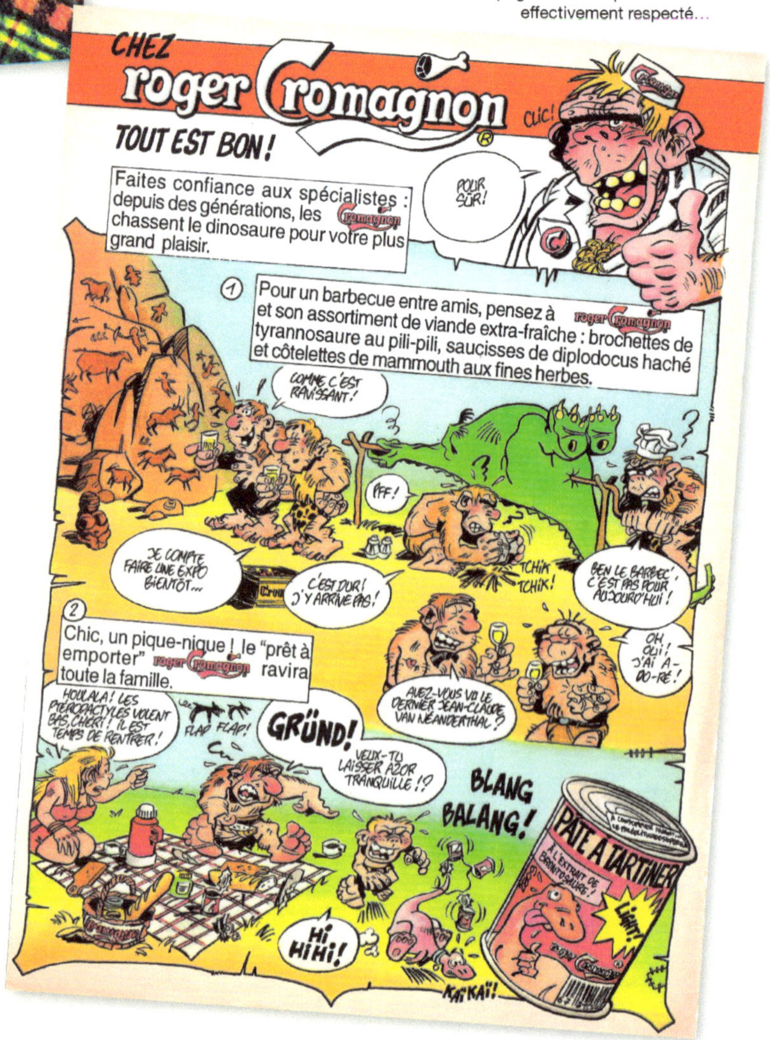
CHEZ roger Cromagnon®
TOUT EST BON !
CLIC !
Faites confiance aux spécialistes : depuis des générations, les Cromagnon chassent le dinosaure pour votre plus grand plaisir.
POUR SÛR !
1
Pour un barbecue entre amis, pensez à roger Cromagnon et son assortiment de viande extra-fraîche : brochettes de tyrannosaure au pili-pili, saucisses de diplodocus haché et côtelettes de mammouth aux fines herbes.
COMME C'EST RAVISSANT !
PFF !
JE COMPTE FAIRE UNE EXPO BIENTÔT…
C'EST DUR ! J'Y ARRIVE PAS !
TCHIK TCHIK !
BEN LE BARBEC', C'EST PAS POUR AUJOURD'HUI !
2
Chic, un pique-nique ! le "prêt à emporter" roger Cromagnon ravira toute la famille.
OH OUI ! J'AI A-DO-RÉ !
AVEZ-VOUS VU LE DERNIER JEAN-CLAUDE VAN NÉANDERTHAL ?
HOULALA ! LES PTÉRODACTYLES VOLENT BAS, CHÉRI ! IL EST TEMPS DE RENTRER !
FLAP FLAP !
GRÜND !
VEUX-TU LAISSER AZOR TRANQUILLE !?
BLANG BALANG !
PÂTE À TARTINER
À L'EXTRAIT DE BRONTOSAURE !
LIGHT !
HI HIHI !
KAÏ KAÏ !

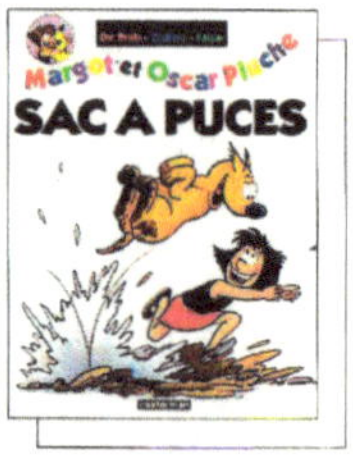
Margot et Oscar Pluche
SAC A PUCES

Pub pour Oscar Pluche. Le premier album des Potaches et de Carine De Brab, chroniqué dans «Spirou». Un jeune dessinateur illustre la rubrique. Il fait ses premiers pas dans le journal et signe «Midam». Il créera bientôt l'un des personnages les plus célèbres de l'histoire récente de la bande dessinée… Kid Paddle !

Chez Margot, on est déjà huit. Alors, quand Oscar Pluche ramène sa truffe, on ne peut pas dire qu'il soit vraiment vraiment bien accueilli. Pensez donc, un chien qui ressemble vaguement à un cochon et qui se gratte plus souvent qu'à son tour, c'est plutôt lourd à supporter, même quand on ne vit pas en appartement. Carine De Brab (Les Puzzoletti, les jeux de Jasper) anime tout ce petit monde d'un pinceau alerte, et nos amis les Potaches, alias Zidrou et Falzar signent les scénarios de ce premier album de Margot et Oscar Pluche : **"Sac à puces"** (CASTERMAN).

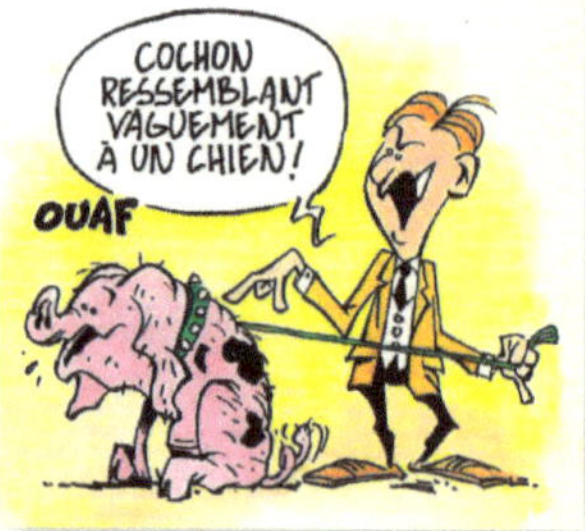
COCHON RESSEMBLANT VAGUEMENT À UN CHIEN !
OUAF

DE L'AUTOROUTE DU SOLEIL À L'AUTOROUTE DE L'HUMOUR

La E411, pour tous les Belges, c'est l'autoroute du Sud, celle qui relie Bruxelles aux Ardennes. On ne doit pas chercher plus loin l'origine du pseudoyme que se choisit un jeune dessinateur qui l'emprunte régulièrement pour se diriger vers les éditions Averbode, dont la revue «Dauphin» publie ses dessins. Et qui travaille là ? Relisez le début de ce dossier. Bingo ! Zidrou !

«Il a vu ces dessins, et il m'a contacté pour me proposer une collaboration», se rappelle E411. «Il transportait plein de projets de séries dans une drôle de petite valise qu'il avait recouverte de planches de BD. Je n'avais qu'à me servir. Nous avons travaillé sur le projet «Les Crannibales», une famille dont le régime nutritif était le cannibalisme, ce qui était plutôt gênant pour ses voisins et visiteurs. Dans la dernière case d'un gag, on y voyait un gros plombier à poil, cuit à point, couché dans un plat et recouvert de sauce avec un couteau planté dans le derrière.» Patrick Pinchart, le rédacteur en chef, après avoir été réanimé suite à la crise d'apoplexie que le dessin avait provoquée, leur téléphona sa réponse : «Non !»[2]

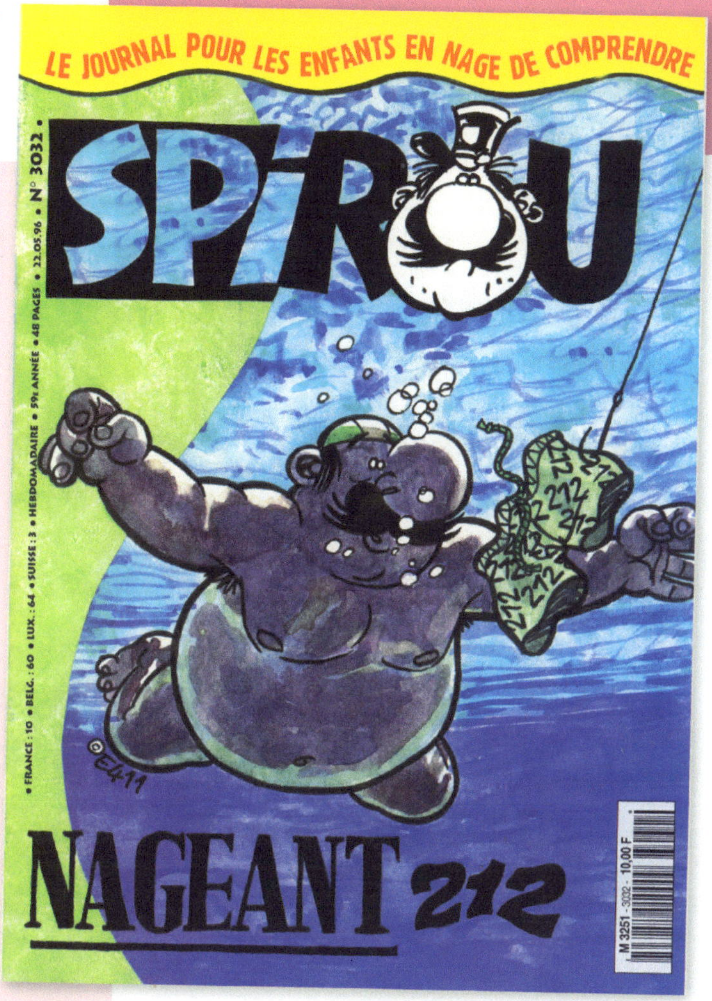

LE JOURNAL POUR LES ENFANTS EN NAGE DE COMPRENDRE
SPIROU
N° 3032 • 22.05.96 • 48 PAGES • 59e ANNÉE • HEBDOMADAIRE • SUISSE : 3 • LUX. : 64 • BELG. : 60 • FRANCE : 10
E411
NAGEANT 212
M 3251 - 3032 - 10,00 F

E411 : «Une fausse couverture de l'Agent 212 très «nirvanesque» qui a eu un destin particulier: elle s'est retrouvée en «une» du journal à la place du vrai dessin de l'auteur. On avait fait croire à une malheureuse inversion.»

En attendant, E411 avait, lui aussi, un pied dans le journal «Spirou».

Thierry Tinlot avait apprécié le penchant du dessinateur pour le pastiche («de Marseille», ajoute-t-il). Il lui confia une nouvelle rubrique, «Les couvertures que vous ne deviez pas voir», mettant en scène, sous forme parodique, les héros du journal. «J'ai bien tenté de lancer quelques projets de série, mais ce n'était vraiment pas au point. De plus, tout le monde préférait mes «fausses couvertures». Il en resta donc là.

Jusqu'à ce que Zidrou ressorte de sa valise miraculeuse un autre projet refusé, «Maître Corbaque».

[2] *Zidrou, excellent recycleur de projets refusés, le représenta à son successeur, dessiné cette fois par Fournier, et il fut accepté.*

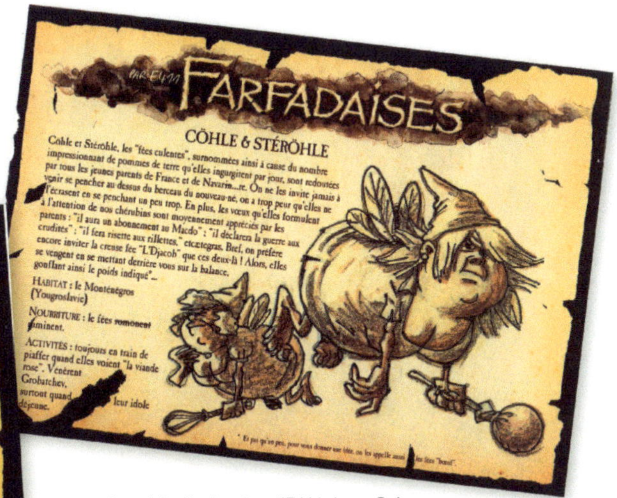

FARFADAISES
CÖHLE & STÉRÖHLE
Cöhle et Stéröhle, les "fées culentes", surnommées ainsi à cause du nombre impressionnant de pommes de terre qu'elles ingurgitent par jour, sont redoutées par tous les jeunes parents de France et de Navarin...re. On ne les invite jamais à venir se pencher au dessus du berceau du nouveau-né, on a trop peur qu'elles ne l'écrasent en se penchant un peu trop. En plus, les vœux qu'elles formulent à l'attention de nos chérubins sont moyennement appréciés par les parents : "il aura un abonnement au Macdo" ; "il déclarera la guerre aux crudités" ; "il fera risette aux rillettes," etcætegras. Bref, on préfère encore inviter la creuse fée "L'Djacob" que ces deux-là ! Alors, elles se vengent en se mettant derrière vous sur la balance, gonflant ainsi le poids indiqué*...
HABITAT : le Monténégros (Yougroslavie)
ACTIVITÉS : toujours en train de piaffer quand elles voient "la viande rose". Vénèrent Grobatchev, surtout quand leur idole déjeune.

La dernière série d'animation d'E411 dans «Spirou», racontant les mœurs étranges du Petit Peuple.

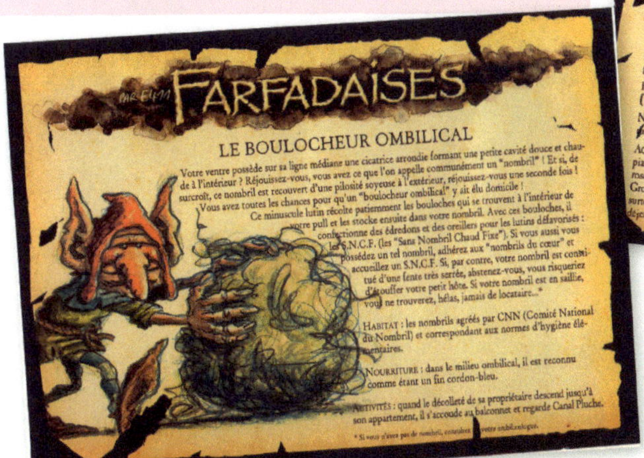

FARFADAISES
LE BOULOCHEUR OMBILICAL
HABITAT : les nombrils agréés par CNN (Comité National du Nombril) et correspondant aux normes d'hygiène élémentaires.
NOURRITURE : dans le milieu ombilical, il est reconnu comme étant un fin cordon-bleu.

AUTANT EN EMPORTE LE VOL-AU-VENT
CLARK TABLE
VIVIER LEIGH
LESLIE HOMARD · OLIVE de PIZZALAND
Le journal hebdromadaire qui fait clop clop
CAMELUSINE
PHILTRES
CLARKISH & GILSONAN BLEND
Le livre qu'on emporte SEMPÉyer
Semplé-Goscinnyc
Le petit Tuniquolas
LE JOURNAL DES GUEUX LASSE
KEISER
MARS Y PUE L'AMI !
Cette BD est-elle un bon à chat ?
PHILIPPE GOULACK
NATA-CHAT
NATTES À CHAT
catserman

Quelques extraits de la rubrique «Ces couvertures que vous ne deviez pas voir».
E411: «C'est le travail dont je suis le plus fier. Ma devise était *Un pastiche sinon rien !*»

LES PIEDS DANS LE PLAGIAT
SAVIEZ-VOUS QUE ZEP AVAIT COLLABORÉ, IL Y A QUELQUES ANNÉES, AU BEAU JOURNAL DE SPIROU ? C'EST À CETTE ÉPOQUE-LÀ
... QUE LAMBIL A TOUT POMPÉ SUR LUI !
AVANT
À POIL
APRÈS

LES PIEDS DANS LA GUEULE
AVANT
APRÈS
EN RÉALITÉ, TITEUF ÉTAIT COPIÉ SUR L'ÉPERVIER BLEU...
...MAIS J'AI TOUJOURS ÉTÉ NUL EN DESSIN RÉALISTE
AMITIÉS ZEP

Une animation du journal «Spirou» destinée à mettre de l'ambiance dans le petit monde de la bande dessinée… et la réponse de Zep, qui fusa rapidement.

LES PIEDS DANS LE PLAGIAT
BRAVO, E411, JE TE RAPPELLE QUE TU ÉTAIS CENSÉ FAIRE DU "LÈCHE-BOTTES" COMME TOUT LE MONDE !
OH, J'AVAIS TOUT À FAIT OUBLIÉ...
ZUT ALORS !
AVANT
À POIL
APRÈS

Le rédacteur en chef Thierry Tinlot se trouvait un peu trop enveloppé ? Dans un numéro spécial «lèche-bottes», E411 en rajouta une couche pleine de délicatesse.

BESTIAIRE INSOLITE
LE CHEVAL DE COURSES

BESTIAIRE INSOLITE :
LA VACHE DE CERVEAU

PCHIIIT !
"PIS-RATAGE"

QUAND UN LIVRE FAIT UN FOUR
L'AUTEUR EST GRILLÉ
LOGIQUE !

E411 : «Une animation très «geluckienne». Je m'étonne qu'avec tous ces pastiches et parodies on ne m'ait jamais intenté un procès. La peur de Maître Corbaque, sans doute».

Prise avec un appareil soviétique en plastique datant de 1922, cette photo est la preuve de l'origine du pseudonyme choisi par le dessinateur. Benoît Fripiat, responsable de ce vandalisme urbain, alors secrétaire de rédaction du journal, est devenu éditeur «tout public» aux éditions Dupuis. Belle mentalité !

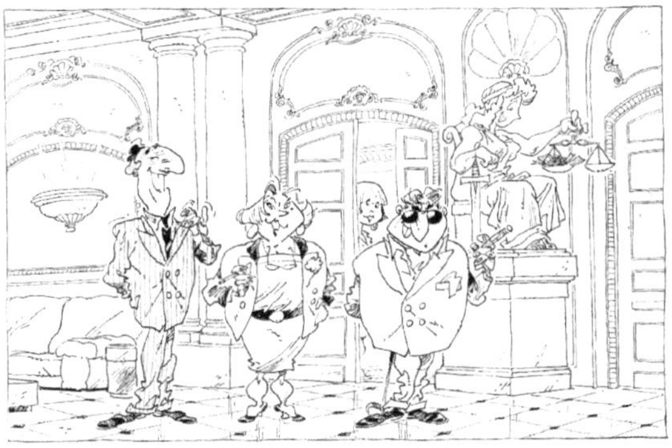

Un document historique : le premier «pitch» du projet, tel qu'il fut envoyé par Zidrou à la rédaction du journal «Spirou».

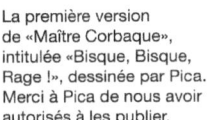

La première version de «Maître Corbaque», intitulée «Bisque, Bisque, Rage !», dessinée par Pica. Merci à Pica de nous avoir autorisés à les publier.

BISQUE, BISQUE ET RAGE

AVOCATS - CONSEILS

Il y a d'abord les frères Bisque.

Henri, l'aîné.
Il n'a pas son pareil pour déterrer des affaires aussi juteuses que puantes. Roi de la magouille et de l'entourloupe. Very very very véreux !

Charles-Emmanuel.
Le seul à avoir (rarement, je vous rassure) des états d'âme. Vite apaisés à la lecture du montant de ses honoraires. Ne vous en faites pas pour lui: il sait toujours comment les dépenser ! Cupide et lâche.

Il y a ensuite leur associée, Irène Rage. Ses lunettes de presbyte se balancent au bout d'une chaîne sur son opulente poitrine. Un tempérament ! Ses plaidoiries emportées plaident pour elle ! Re-dou-ta-ble !

Il y a enfin la secrétaire à tout faire de ce triangle des Bermudes des tribunaux, mademoiselle Azerty.

Plongez-vous dans l'univers puant de ces mouches "avocaca"!
Chaque affaire prendra la forme d'une histoire complète de moyen format.

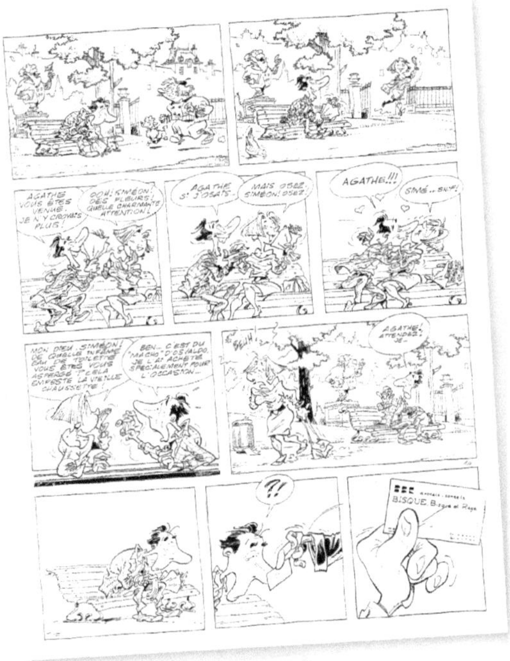
AGATHE!!!
?!
BISQUE, Bisque et Rage

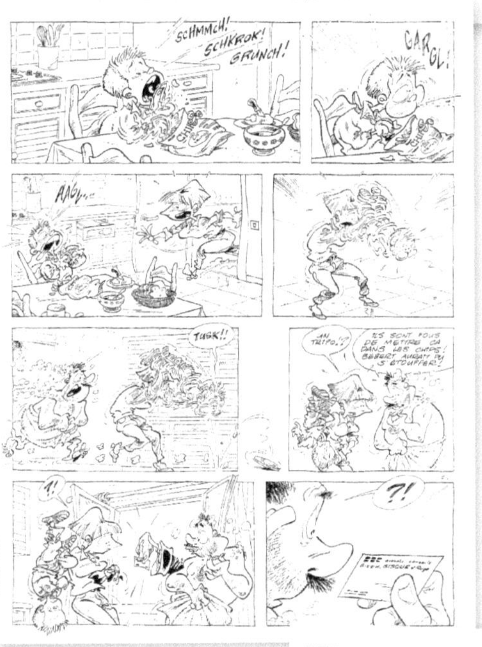
SCHMMCH!
SCHKROK!
GRUNCH!
GARGL!
?!
?!

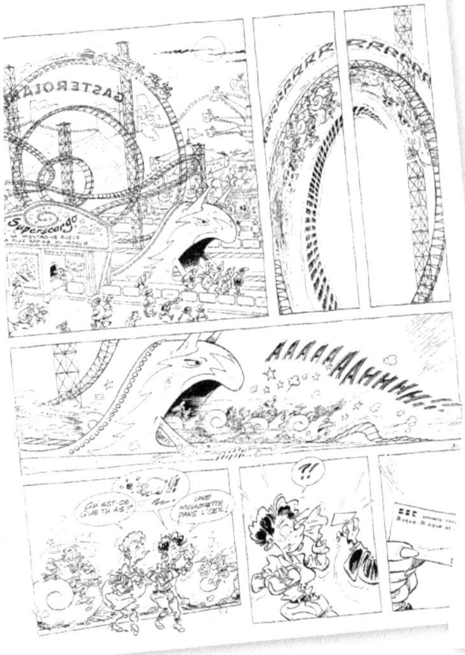
SUPERSCARGO
?!

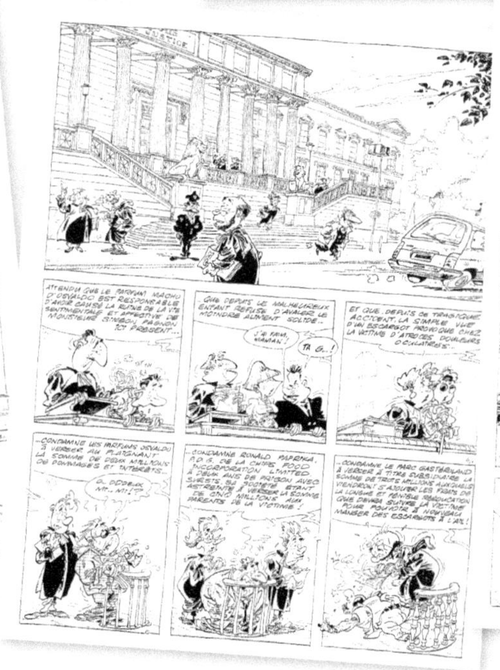

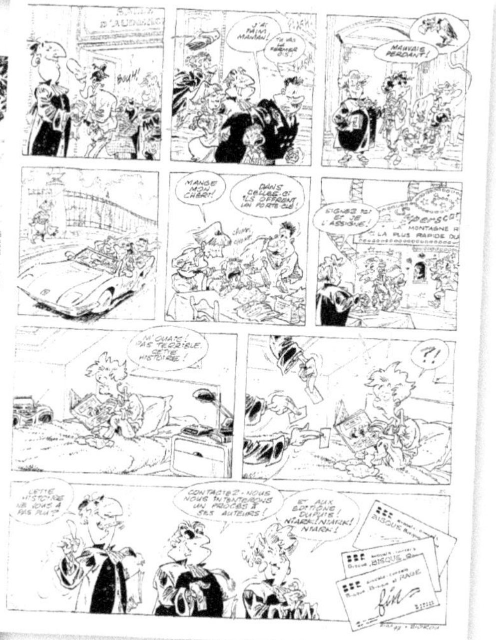
?!

LES MÉTAMORPHOSES D'UN PROJET

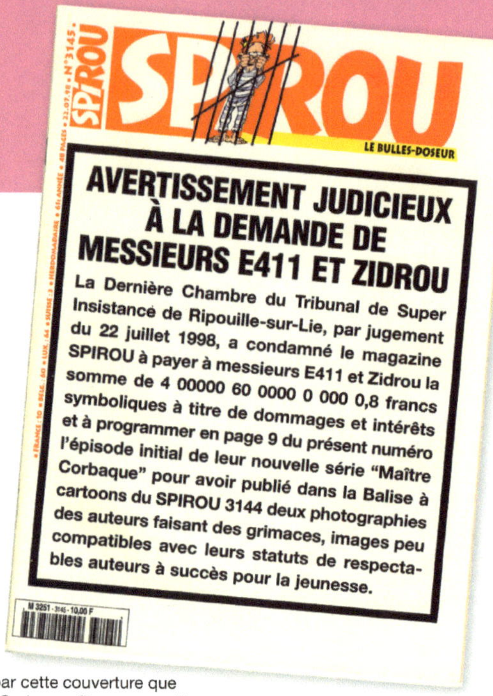
SPIROU
N°3145
LE BULLES-DOSEUR

AVERTISSEMENT JUDICIEUX À LA DEMANDE DE MESSIEURS E411 ET ZIDROU

La Dernière Chambre du Tribunal de Super Insistance de Ripouille-sur-Lie, par jugement du 22 juillet 1998, a condamné le magazine SPIROU à payer à messieurs E411 et Zidrou la somme de 4 00000 60 0000 0 000 0,8 francs symboliques à titre de dommages et intérêts et à programmer en page 9 du présent numéro l'épisode initial de leur nouvelle série "Maître Corbaque" pour avoir publié dans la Balise à cartoons du SPIROU 3144 deux photographies des auteurs faisant des grimaces, images peu compatibles avec leurs statuts de respectables auteurs à succès pour la jeunesse.

C'est par cette couverture que Maître Corbaque fit son apparition dans le journal «Spirou», le 22 juillet 1998.

Bien qu'elle ne soit pas encore née, Maître Corbaque avait déjà un passé. Une première version avait été élaborée avec le dessinateur Pica[3]. Il mettait en scène trois avocats véreux, «Bisque, Bisque et Rage». Le dossier n'avait pas convaincu Thierry Tinlot.

Thierry Tinlot : «Cette série avait été présentée par Zidrou et Falzar. Et nos deux amis avaient beaucoup de talent pour «vendre» leurs projets. Le problème, c'est qu'au début de leur carrière, leurs dossiers étaient bien présentés... mais que le fond ne suivait pas la forme. En clair, on était alléchés par la présentation... mais déçus par le contenu. Heureusement, les choses se sont arrangées au fil des dossiers (tous refusés au début). Et nos deux amis ont fait la belle carrière que l'on sait.»

E411 : «Zidrou ne s'avouant jamais vaincu, il a pensé à moi pour un second essai. On a choisi de ne garder qu'un personnage central pour ne pas trop surcharger l'histoire. On l'a baptisé «Maître Corbaque» car ça sonnait «barbaque» et que, pour un rapace des prétoires, ça tombait bien. Les trois avocats du premier projet ont été fondus en un seul personnage, on a gardé le prénom de l'ancienne avocate, Irène, et la jeune dactylo est devenue un vieux secrétaire, Mr Azerty. Le tour était joué !»

Cette fois, les deux auteurs n'ont pas envoyé de fausse convocation du rédacteur en chef au tribunal; ils ne sont pas non plus venus en robes d'avocat pour présenter le projet. «Non, rien de tout cela. Nous avons montré les nouvelles planches, le rédacteur en chef m'a juste demandé de réduire la taille des boucles d'oreilles de Maître Corbaque — il avait raison, je les avais dessinées énormes — et c'était parti !»

Quelques semaines plus tard, Maître Corbaque faisait son entrée en grandes pompes dans «Spirou» — par une «une» pastichant les publications judiciaires des magazines «people» — et les lecteurs allaient découvrir durant un an et demi un monde impitoyable fait de procès fous, absurdes, démesurés. Inspirés, dans la réalité, par une Justice perdant de plus en plus la boule. Cela ne s'est pas amélioré depuis. Maître Corbaque reste, encore et toujours, parfaitement d'actualité. Comme on le constatera dans le tome 2.

[3] *Qui a parfaitement bien réussi avec sa série «Les Profs» (éditions Bamboo).*

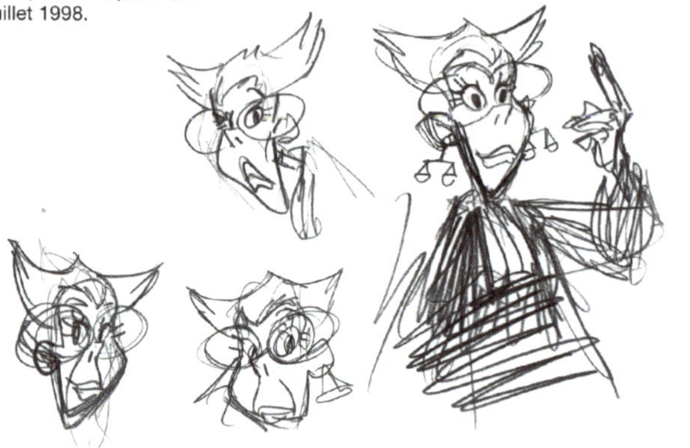

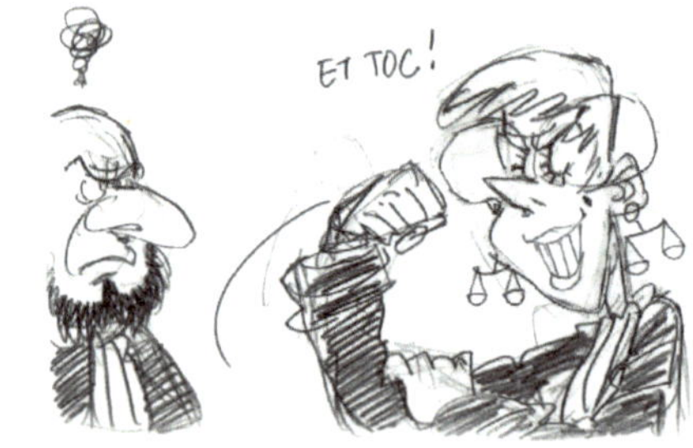
ET TOC !

Recherches de E411 pour le personnage de Maître Corbaque.

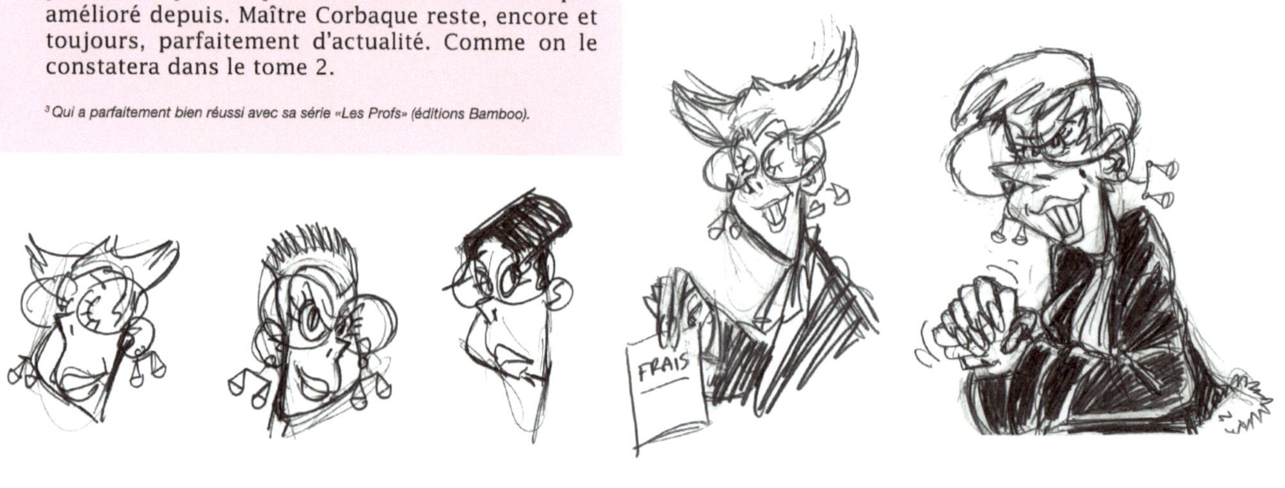
FRAIS

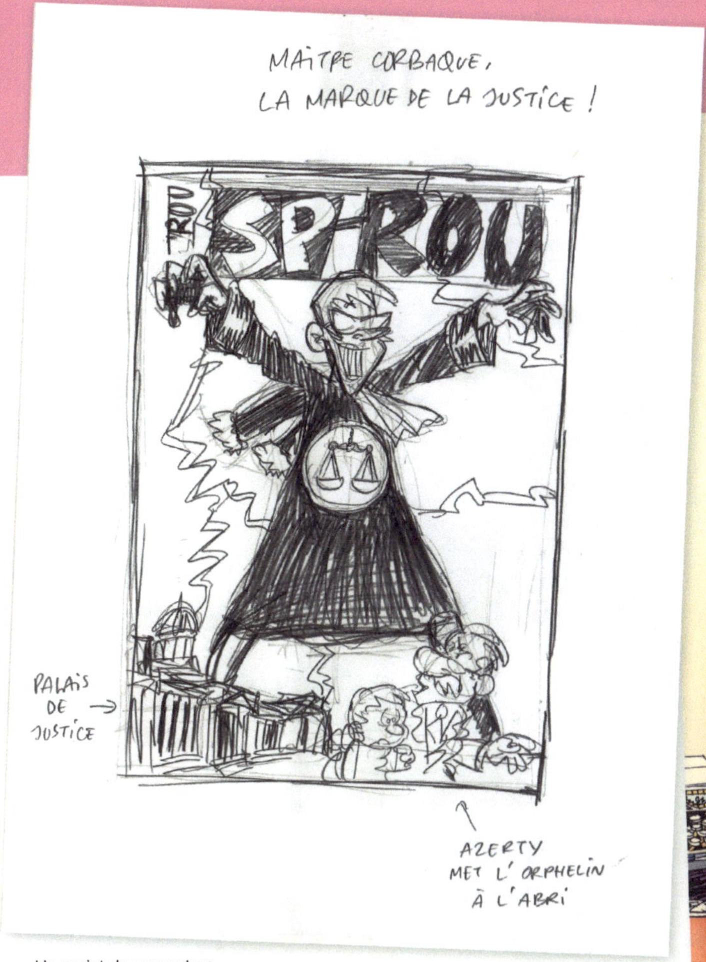
MAîTRE CORBAQUE,
LA MARQUE DE LA JUSTICE !
SPIROU
PALAIS DE JUSTICE
AZERTY MET L'ORPHELIN À L'ABRI

Un projet de couverture
très «Marque Jaune» d'E.P. Jacobs pour le journal «Spirou».

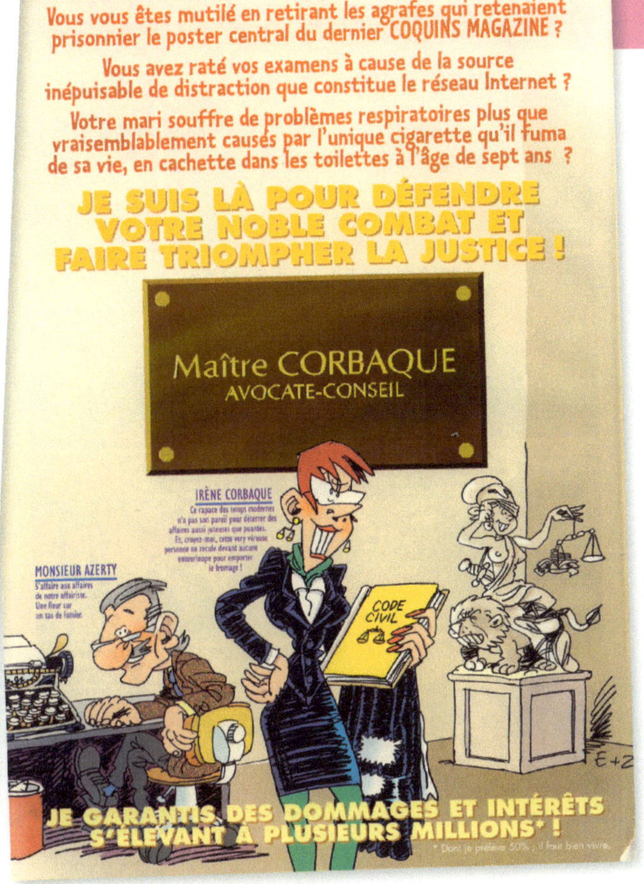
Vous vous êtes mutilé en retirant les agrafes qui retenaient prisonnier le poster central du dernier COQUINS MAGAZINE ?
Vous avez raté vos examens à cause de la source inépuisable de distraction que constitue le réseau Internet ?
Votre mari souffre de problèmes respiratoires plus que vraisemblablement causés par l'unique cigarette qu'il fuma de sa vie, en cachette dans les toilettes à l'âge de sept ans ?
JE SUIS LÀ POUR DÉFENDRE VOTRE NOBLE COMBAT ET FAIRE TRIOMPHER LA JUSTICE !
Maître CORBAQUE
AVOCATE-CONSEIL
IRÈNE CORBAQUE
Ce rapace des temps modernes n'a pas son pareil pour déterrer des affaires aussi juteuses que puantes. Et, croyez-moi, cette very véreuse personne ne recule devant aucune enveloppe pour emporter le fromage !
MONSIEUR AZERTY
S'affaire aux affaires de notre affairiste. Une fleur sur un tas de fumier.
CODE CIVIL
JE GARANTIS DES DOMMAGES ET INTÉRÊTS S'ÉLEVANT À PLUSIEURS MILLIONS* !
* Dont je prélève 50% ; il faut bien vivre.

Portraits de famille en introduction de la
première parution de «Maître Corbaque».

Un premier projet de couverture
pour le tome 1 de «Maître Corbaque».

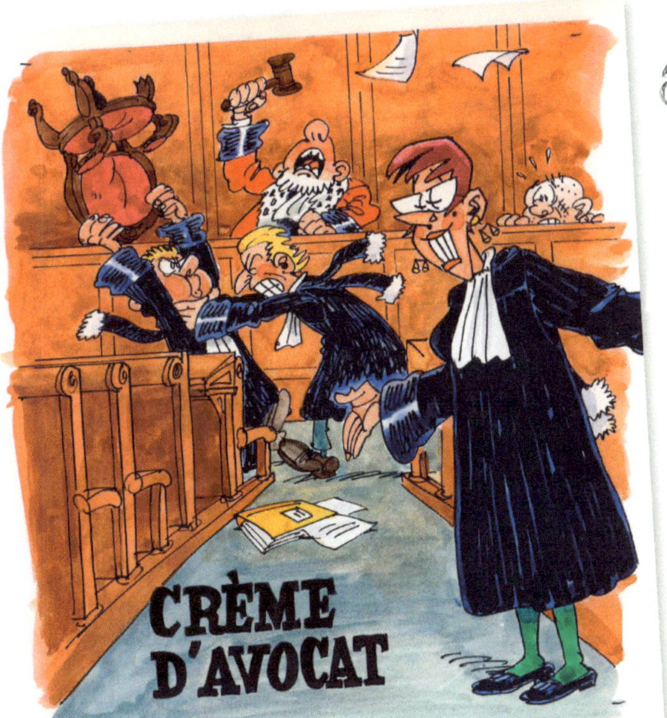
CRÈME D'AVOCAT

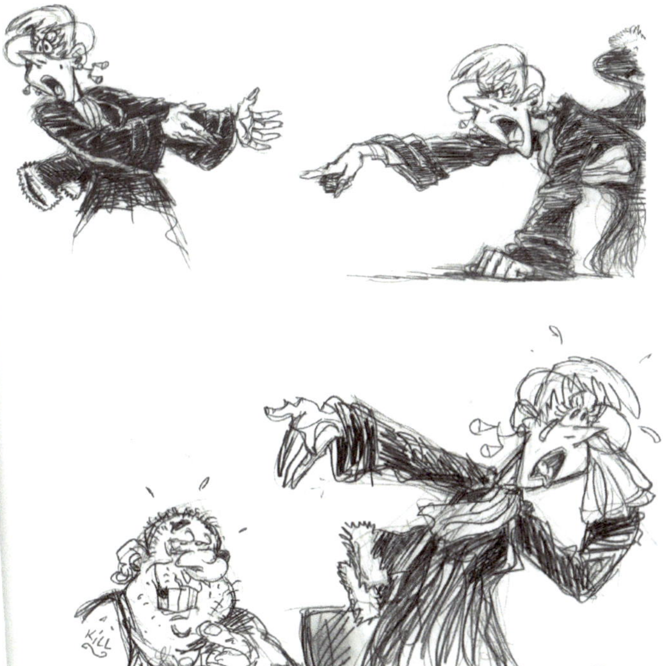

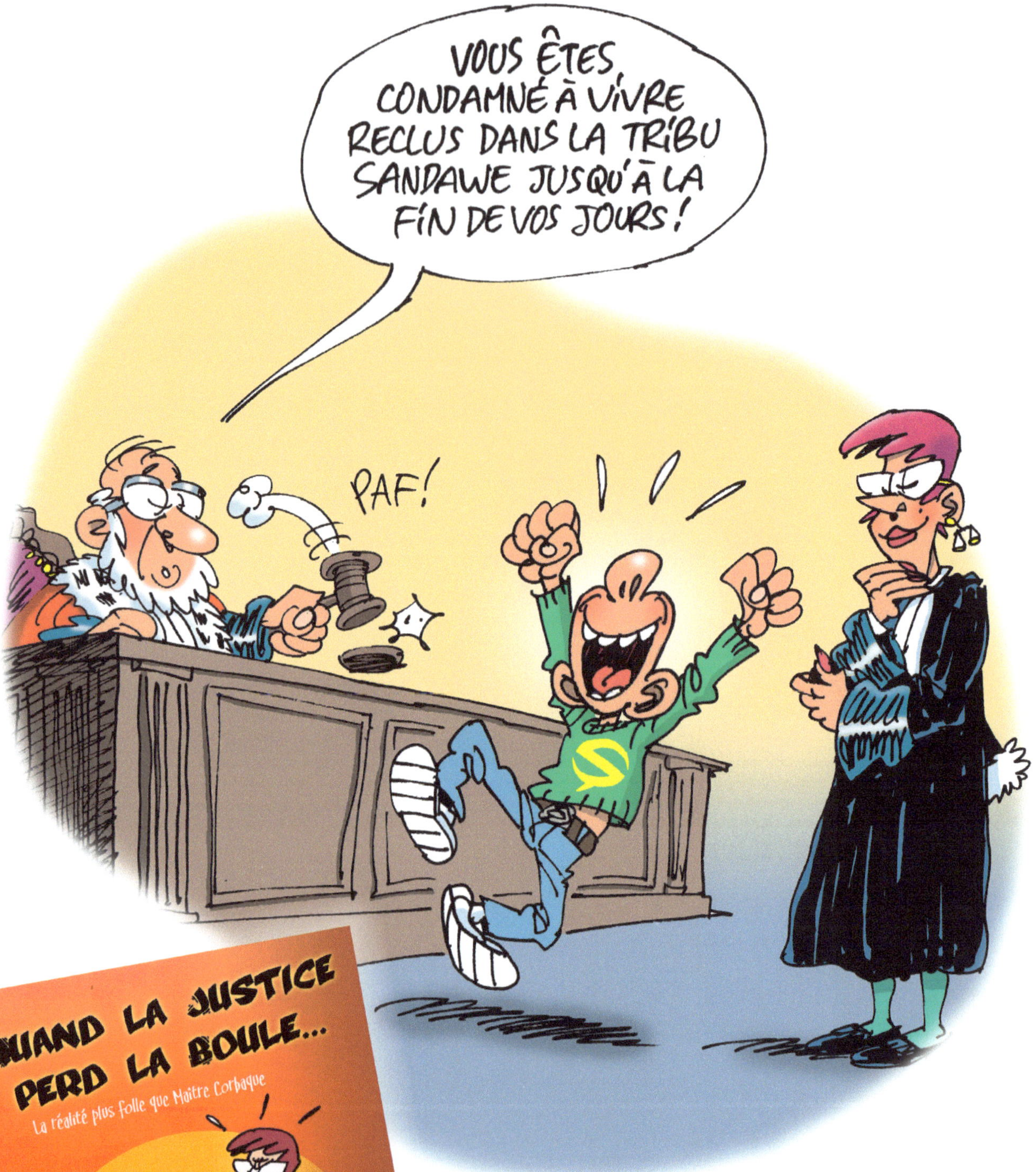
VOUS ÊTES CONDAMNÉ À VIVRE RECLUS DANS LA TRIBU SANDAWE JUSQU'À LA FIN DE VOS JOURS !
PAF !

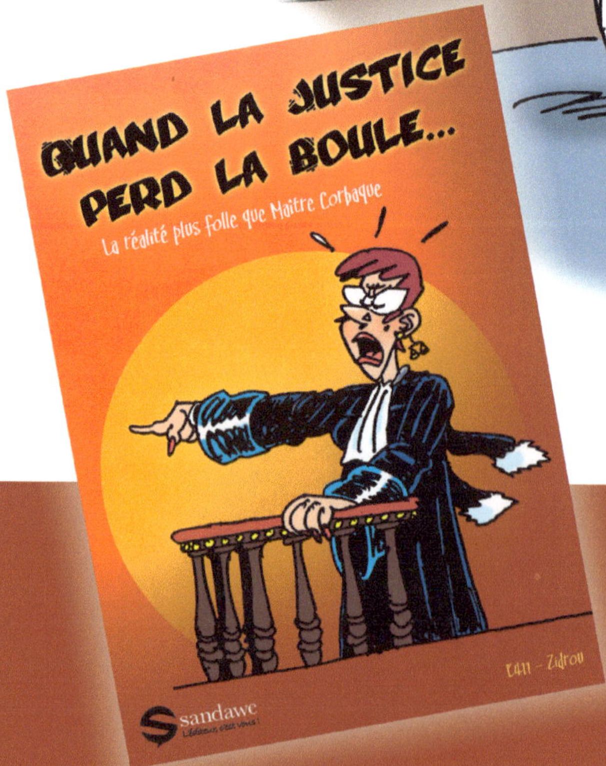
QUAND LA JUSTICE PERD LA BOULE...
La réalité plus folle que Maître Corbaque
sandawe

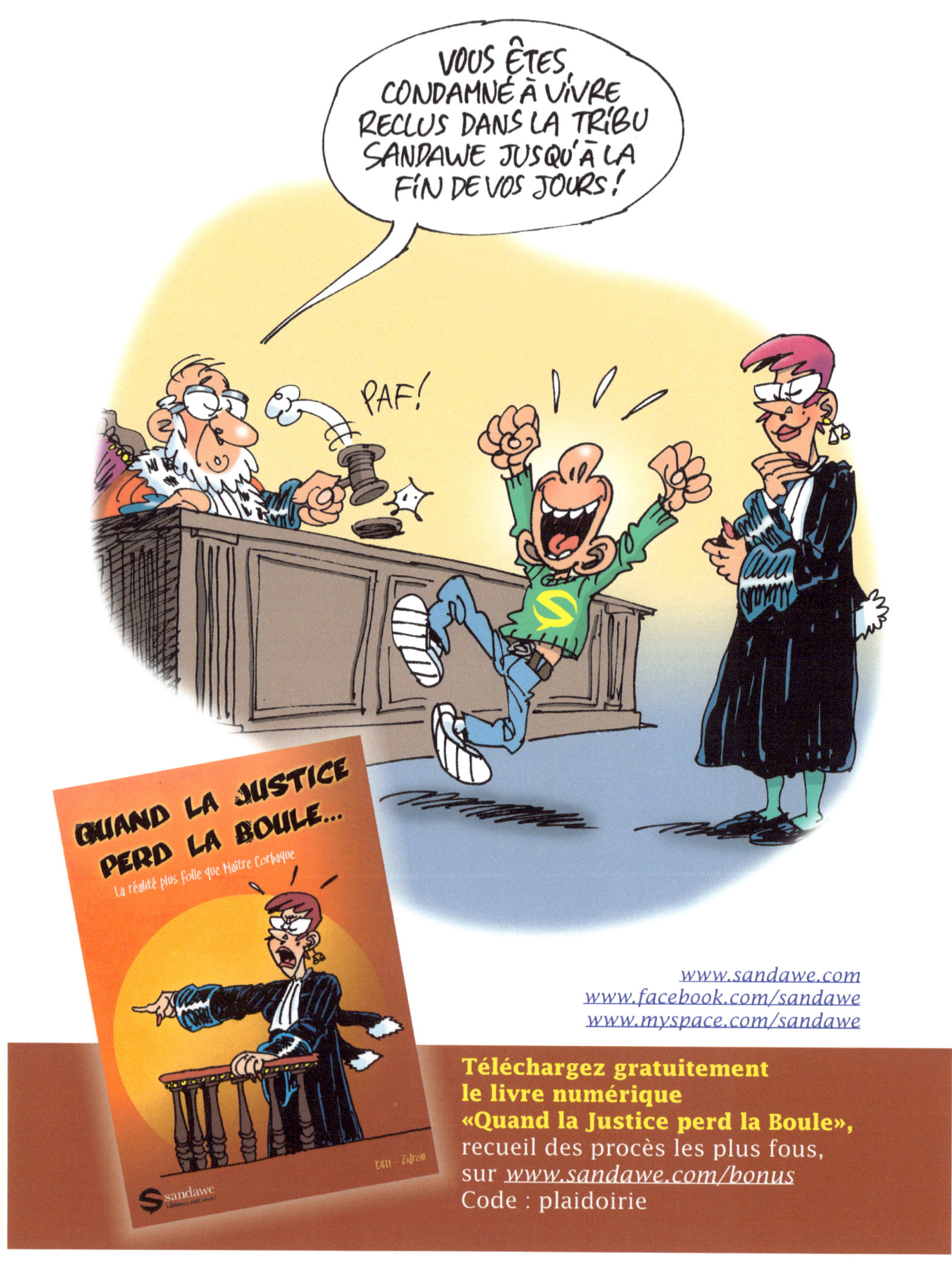

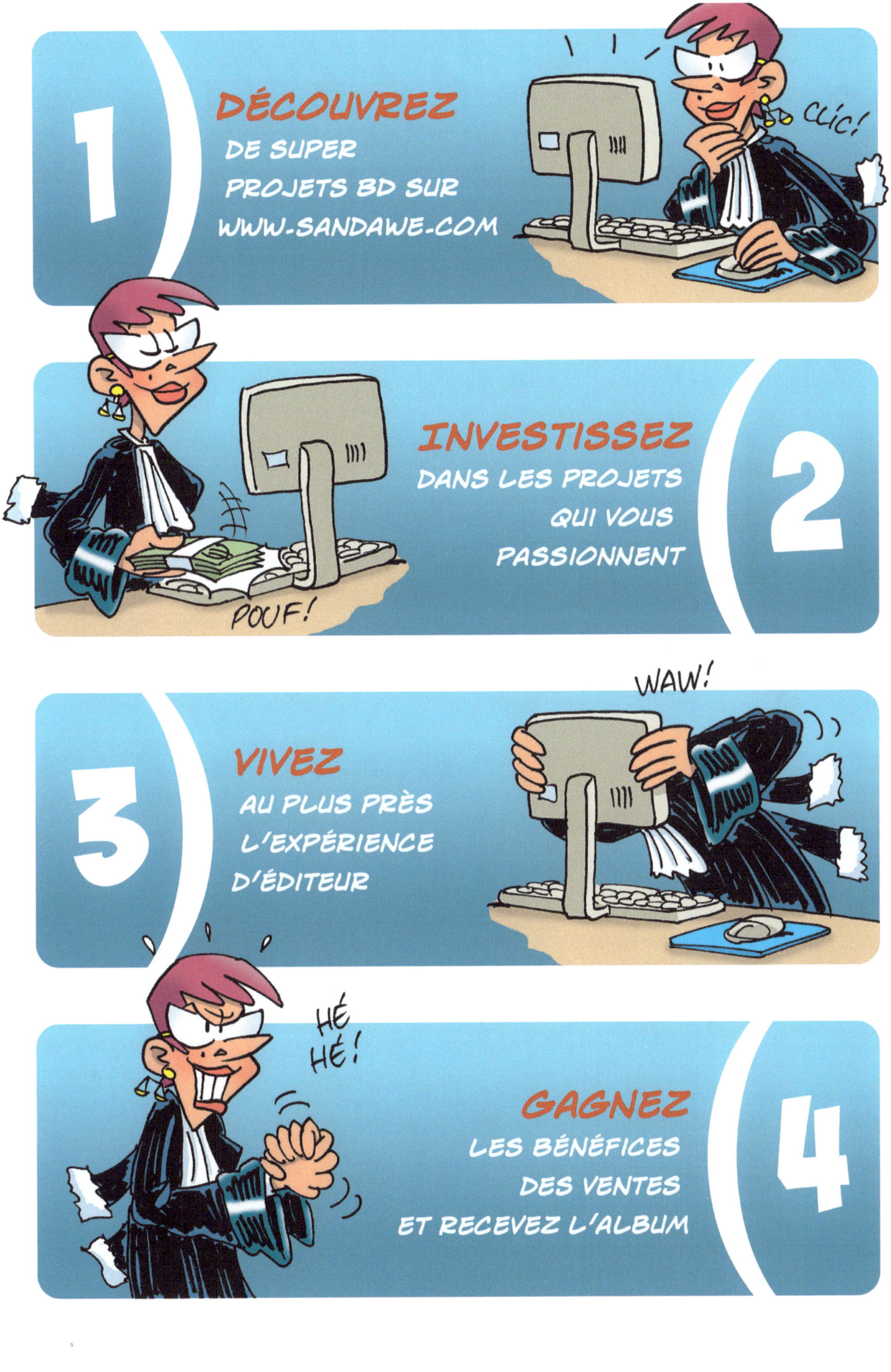
1
DÉCOUVREZ
DE SUPER
PROJETS BD SUR
WWW.SANDAWE.COM
CLIC!
INVESTISSEZ
DANS LES PROJETS
QUI VOUS
PASSIONNENT
2
POUF!
WAW!
3
VIVEZ
AU PLUS PRÈS
L'EXPÉRIENCE
D'ÉDITEUR
HÉ HÉ!
GAGNEZ
LES BÉNÉFICES
DES VENTES
ET RECEVEZ L'ALBUM
4

COMMENT ÇA MARCHE ?

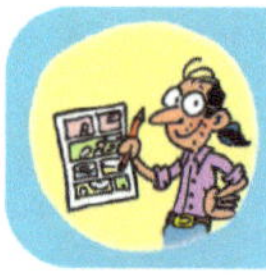

LES AUTEURS DE BANDE DESSINÉE ENVOIENT LEUR PROJET À SANDAWE QUI PRÉ-SÉLECTIONNE LES **PROJETS DE QUALITÉ PROFESSIONNELLE**.

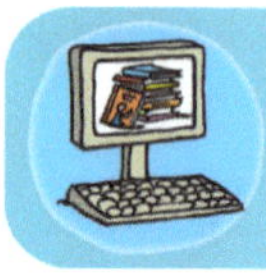

LES INTERNAUTES **DÉCOUVRENT** CES PROJETS EN DÉTAIL SUR **WWW.SANDAWE.COM** : BANDE-ANNONCE, PITCH, PLANCHES, ETC.

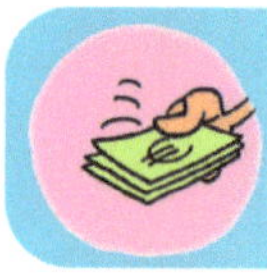

LES INTERNAUTES **INVESTISSENT DÈS 10 €** DANS LES PROJETS QUI LES INTÉRESSENT. ILS DEVIENNENT "ÉDINAUTES" : ÉDITEURS-INTERNAUTES.

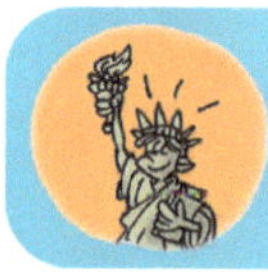

LES ÉDINAUTES SONT **LIBRES DE RÉCUPÉRER LEUR ARGENT** JUSQU'À CE QUE L'ALBUM ATTEIGNE LES 100 % DE FINANCEMENT.

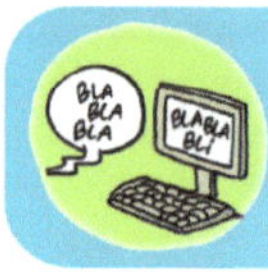

UNE FOIS LE FINANCEMENT ATTEINT, LES AUTEURS TERMINENT LA **CRÉATION** DE L'ALBUM QUE LES ÉDINAUTES PEUVENT ALORS SUIVRE EN **ÉCHANGEANT AVEC LES AUTEURS**.

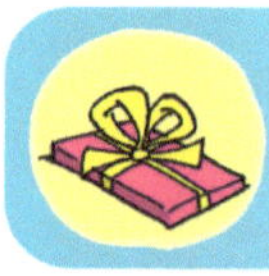

LES ÉDINAUTES REÇOIVENT L'ALBUM, OÙ EST IMPRIMÉ LEUR **NOM**. ILS REÇOIVENT AUSSI DES **BONUS BD** SELON LEUR NIVEAU D'INVESTISSEMENT : ALBUM DÉDICACÉ, DESSIN INÉDIT, IMPRESSION SUR TOILE, T-SHIRT, ETC.

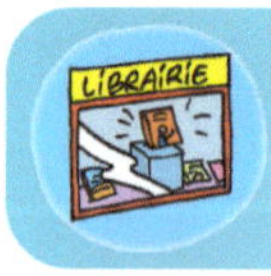
LIBRAIRIE

L'ALBUM EST VENDU EN VERSION **PAPIER ET NUMÉRIQUE** DANS TOUTES LES LIBRAIRIES BELGES, FRANÇAISES, SUISSES...

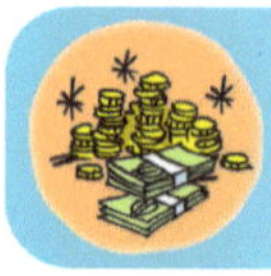

LES ÉDINAUTES **GAGNENT 60% DES BÉNÉFICES** ISSUS DES VENTES (PAPIER, NUMÉRIQUES, PRODUITS DÉRIVÉS, ETC).

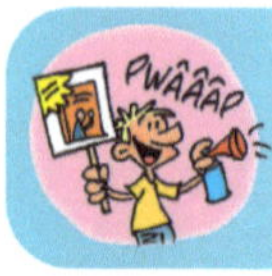

LES ÉDINAUTES REÇOIVENT UN **KIT "BUZZ" POUR FAIRE LA PROMO** DE LEUR ALBUM AUTOUR D'EUX.

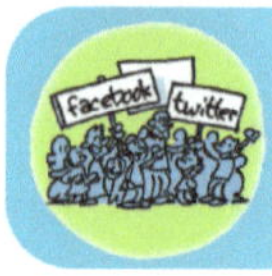
facebook
twitter

GRÂCE À LA **MOBILISATION DE LA COMMUNAUTÉ**, LES ALBUMS SANDAWE BÉNÉFICIENT D'UNE CAMPAGNE DE PUB VIA LE PLUS PUISSANT DES MEDIAS : INTERNET ET SON BOUCHE-À-OREILLE.

www.ingramcontent.com/pod-product-compliance
Lightning Source LLC
Chambersburg PA
CBHW041534040426
42446CB00002B/78